Mr.テンバガー（10倍株）朝香の

インド＋親日アジアで化ける日本株100

産業・成長企業アナリスト
朝香友博

アールズ出版

はじめに　～日本の未来はインド＋親日アジアにあり～

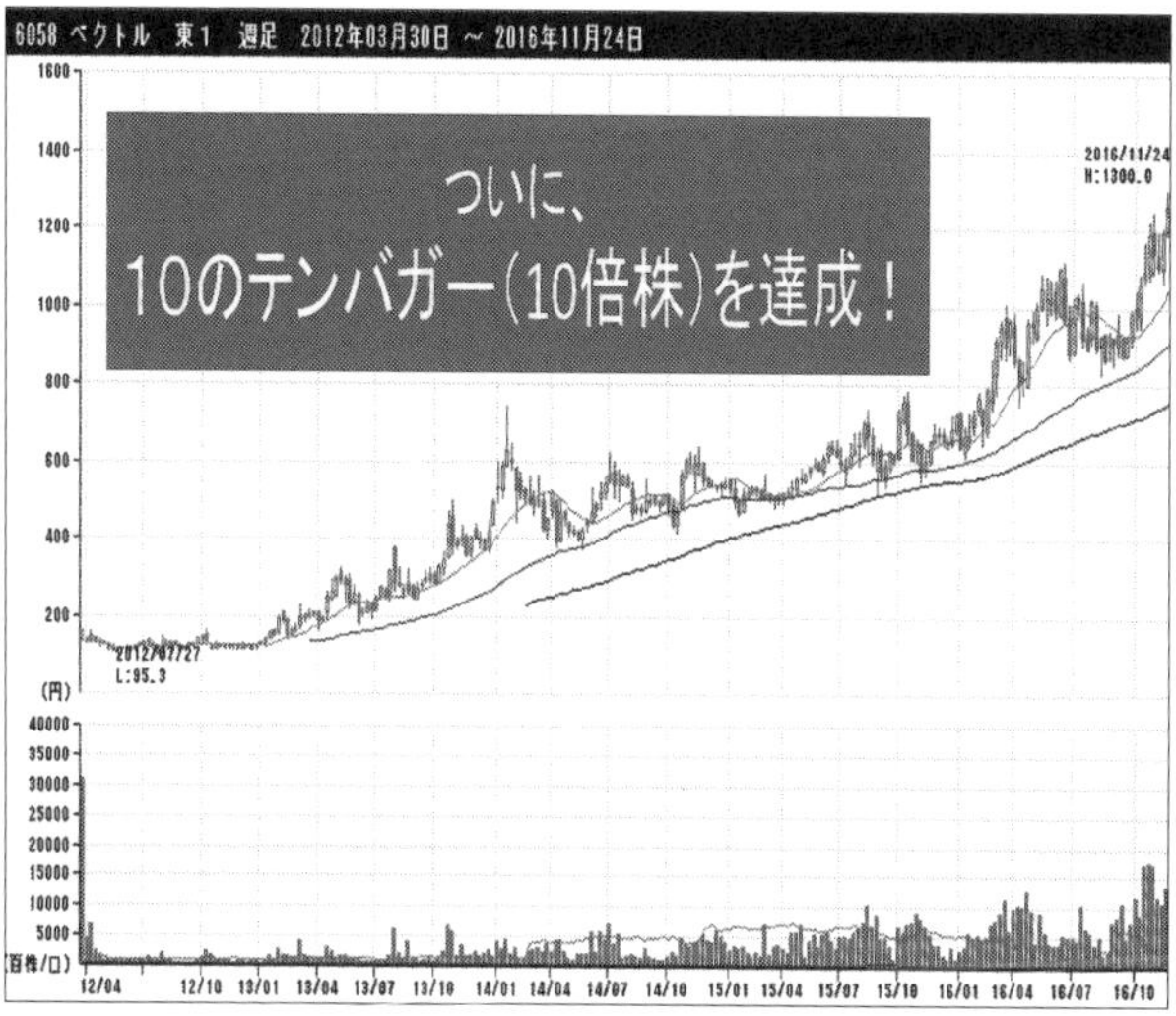

２０１６年11月22日、ＩＰＯ初値が１２８円（修正後株価）だった独立系最大手のＰＲ会社、ベクトル（６０５８）の株価が１２８０円を突破。これが記念すべき2桁目のテンバガーとなった。

10倍まで4年8カ月。景気サイクル平均が5年程度とはいえ、ここまで待てたのには訳がある。株価が割高にならず、弱くもならなかった（1年半来安値）ためだ。そして、それ以上に重要なのが、自分目線で会社の成長性を信じていたということだ。

すなわち、株価が上昇し続ける大化け株には、未来の追い風に乗るメガトレンドが必要で、それを自分目線で確信することが大事という意味である。このことは前著『10年目線で買っていい株・買ってはいけない株』・『大化け株サイクル投資術』でも再三述べてきたので、既存の読者はご存じのことだろう。

では、このテンバガーを達成したベクトルを私は今後どうしていくのか？10倍を達成したからすべて売るのか、もしくは1部利食いするのか？

きっとこの点は読者のみなさまの関心も高いことだろう。

その答えは、

- **株価がファンダメンタルから見て割高すぎないか**
- **成長の伸びしろがまだ十分にあり、売上拡大の余地が十分あるか**
- **相対的にもっと魅力的な銘柄を買うために、1部利食いをするか**
- **チャートの過熱感から1部を利食いする、あるいはつなぎ売りをするか**

それらの要素次第となる。そして、その点については第3章にて触れたいと思うが、注目した当時に感じた事業の有望性についてここで少し触れておきたい。

当時私は、「中国・アジアの消費沸騰」・「社会のネット・モバイル化」という自分目線から、ベクトルがこの大きな時代の潮流に乗ると考えていた。

同社は上場前から中国上海にすでに進出しており、オーナー社長自ら中国の消費沸騰の経済成長を取り込む事業展開を進められていたし、当時は同社よりも規模の大きかった国内の競合がソーシャルメディアに力を入れていない中で、ネットやSNSの分野でとにかく競合を寄せ付けないポジショニングを志向していた。

さらには、ネット・モバイルが個々に浸透していくという私の未来観があり、従来のマスメディア中心に展開されていた広告効果が薄れ、ロングテールでメディアが多様化していくことで広報の存在意義が高まっていくという産業分析も持っていた。そして、ベクトルは時代の風をうまくとらえ、イメージ通りに上場して業界最大手に成長し、結果として株価は10倍高となったのである。

しかし、昨今チャイナ・リスクが顕在化し、競合PR会社がネット・SNS分野の取組みを強化していく中で、果たして同社は競争優位を保ち成長していくことができるだろうか。

私はすでに前著にて企業の成長性を検討する際の8つの視点を提示したが、その中でも核となるのは「親日エコノミー」、「自動化」、「200年ライフ」だと考えている。

さらに本書では、「親日エコノミー」、特に「インド＋親日アジア」にフォーカスをあて、銘柄や市場の有望性をお伝えしたい。

第1章にて詳細は述べるが、チャイナ・リスクを避けるため、そして2022年に世界最大の人口大国となるインドや高成長の続く東南アジアの主要国で伸びる会社を探すため、私は自分目線を「中国」から「インド＋親日アジア」に明確にシフトしてきた。

そして、最新の各主要都市の実情と温度感に触れるため現地に足を運び、約半年間、現地で生活する人々と触れ合ってきた。前著で「ユニクロ・ユニチャームに黄信号」という懸念も表明したので、何十店舗もの現場に足を運び、店員さんやお客さんと会話をし、リサーチを重ねてきた。元々ベクトルだけではなく、私の主力大型株として注目し続けたファーストリテイリング、良品計画、村田製作所、ピジョンなど多くの銘柄が中国関連株であったため、このリサーチは急務でもあると考えていた。

本書では、それらを踏まえて「インド＋親日アジア」で伸びる日本株を紹介している。少子化・人口減少に苦しむ日本に住むあなたが、親日市場で成長する日本企業に大事なお金を嫁がせる（投資する）ことで、「豊かな未来をつくれる」ことをお伝えしたい。

この本から得られるもの

◎これから10年で成長が期待できる企業を探す視点
◎日本と自分の未来に貢献する「インド＋親日アジア」で成長期待の有望企業
◎独自の株価・業績・テクニカル分析を用いた各社の割安度
◎候補（保有）銘柄の中から大化け株・10倍株を選び抜く絞り方

この本を読んで頂きたい読者層

- 10年目線で息の長い成長株を知り、資産を増やしたい投資家

・インドや親日エリアの沸騰市場に直接触れる機会のない忙しい人
・長期投資で長期的な将来不安を払しょくし、豊かな暮らしを願う人
・応援した企業が社会の役に立ち、その成長の果実を受け取る投資をしたい人
・わたしたちの「日本」を愛し、繁栄を願う人

この本の構成

まず、最初に各章ごとの流れを要約してご紹介したい。

第1章で「インド＋親日アジア」に注目する理由と現地視察の旅で気になった注目点を述べ、第2章でそれらの市場に関連する銘柄を100社取り上げる。最後の第3章で2社をモデルケースに自分目線の分析を行うヒントを学んでいただく。以下、各章の構成についてそれぞれ言及しておく。

親日アジアのモールでよく見かける日本株店舗の視察旅

※写真は一例

●インド（ムンバイ）

●インド（バンガロール）

第1章は、なぜ「インド＋親日アジア市場で伸びる日本株」に注目するのか。その理由を、「チャイナ・リスク回避」、「20億人の親日ビジネス圏」、「２０２２年世界最大の人口大国となるインド」、「高度経済成長と若い人が支える社会」の視点で紹介している。

加えて、「インド＋親日アジア市場」に半年間滞在して感じたことや聞いたことをシェアする目的で設定した。前著やブログの読者はご存じの通り、15年12月の米利上げを受けてキャッシュポジションを高める際に、ユニクロを運営するファーストリテイリングを売るべきか、売らざるべきかを悩んでいた。彼らと私は上海に出たのが同じ03年という時代感覚で共通するものがあり、思い入れもあってなかなか容易にはその判断を下せずにいた。ただ、少し悩んだけれども、私は単細胞でアナログな人間なので、

「よし、アジアのユニクロや有望株の主要店舗を実際に見に行くか！」

という結論に落ち着き、結局ユニクロのアジア主要全店舗とその店員、さらには買い物客とまで直に話をして帰国した。こういった現場で足を使って汗をかいて得た情報や経験を投資に活かすのが私の真骨頂である。

現に、14年に前著で書いた「トヨタの燃料電池自動車は世界の主力にはならない、これから

●インドネシア（ジャカルタ）

●フィリピン（マニラ）

はＥＶ・自動運転だ」という指摘は、多くのメディアが当時のトヨタの燃料電池自動車を絶賛する中で異色であったが、昨今まさにそれが的中した自動車・電子産業の潮流になってきている。これもまた、国際見本市・会議や産業人との現場の交流の中で結論を導き出したものであり、未来予測の鍵は「現場の声の総和」にあると改めて実感していたところである。

そして、日本と言えば「トヨタ、ホンダ、Ｓｏｎｙ、家電」だったものが、今では「ユニクロ、ＭＵＪＩ、ダイソー、日本食」となっている現状を感じてもらいたい。

第2章は、「インド＋親日アジア」に関連する銘柄の中から、事業内容の気になる会社を１００社ピックアップした。さらには、独自のファンダメンタル・テクニカル分析からその１００社を客観（定量）的にランキング化し、１００点中70点以上の企業に関してはその経営近況、注目点やチャートなどを掲載した。ただし、これはあくまでも私の主観的分析、すなわち自分目線・フィルターによる分析を含まないランキングである。

まずは主観を入れずに客観定量的に企業をランキングし、その上位から自分で分析をして、銘柄を絞っていくことで、大化け株の発掘確率を高めるという流れをつかんでほしい。そして、昨今の新興国株安・通貨安の先にある「10年目線での成長株選び」に役立てば幸いである。

●ベトナム（ホーチミン）

●タイ（バンコク）

●マレーシア（クアラルンプール）

第3章では、読者のみなさまが実際に自分目線で候補銘柄を選んで絞るためのヒントになるように、第2章の客観的評価でランキング1位を獲得した会社と冒頭で言及した10倍株ベクトルのモデルケースを例示する。

最終的には自分目線で企業の有望性を判断するポイントを主観的に述べている。株に投資をする際には、ファンダメンタルやテクニカルの客観的定量評価に加えて、自分目線による成長性の主観的定性判断を最後に加味して行っていただきたい。なぜなら、それこそが長期の上昇過程における小局の下落時に笑って買い増しできる原動力になるものであり、自分目線で未来の社会で活躍してほしい会社へ投資することにもつながるからである。

もちろん、それを実施するべく企業の置かれている市場環境、競合との差、経営の優位性などをできるだけやさしく個人投資家の目線で分析しているので、参考にしてご活用いただきたい。

漠然とではなく、ぜひ明確に自分目線で企業の成長性を期待して、自分の子どもたちともいうべき大事なお金を託す気持ちで企業に投資してほしい。その結果、それが大化けした喜びは、お金を得る以上の達成感に満ちたものになることをお約束したい。

そして、自分の理想や共感する未来社会の一翼を担う会社を自分のお金で応援することに誇りと情熱を持ち、その副産物としてお金を儲け、さらにそれを次の社会の「成長の芽」に投資

●台湾（台北）

●香港

●シンガポール

する喜びを味わっていただけるものと信じている。最後に、私の個人的な想いを綴って本章に入りたい。

インドや親日アジアで活躍している、または活躍しそうな企業を5年、10年目線で応援することは、自分の利益以上に、私の生まれた日本の国益に資すると考えている。

日本を富ます、すなわち成長の伸びしろがある会社を買い、

日本の衰退を加速させる、すなわち成長の伸びしろのない会社を売る。

私は投資家としてこれだけは堅持していき、私なりの方法で社会に貢献したいと考えている。そして、何より本書がみなさまのお役に立てることを心から願っている。

ベクトルで❿の❿倍株達成の喜びをかみしめた２０１６年11月22日

産業・成長企業アナリスト　朝香友博

【Mr.テンバガー［10倍株］朝香の】

インド＋親日アジアで化ける日本株100

目次

第1章

なぜ、インド＋親日アジアで伸びる日本株なのか？

第2章

インド＋親日アジアで伸びる日本株100

第3章 テンバガー獲得の決め手は、〝自分目線〟

本書は情報提供を目的としており、投資その他の勧誘を目的で作成したものではありません。

銘柄の選択・売買等の投資の最終決定並びに本書の活用はご自身の判断と責任にて行って下さい。

本資料の情報源は私が信頼できると判断したものですが、その確実性を保証したものではありません。

また、本書に関するご質問・ご照会にはお答え致しかねますので予めご了承ください。

第1章

なぜ、
インド＋親日アジアで
伸びる日本株なのか？

☆チャイナ・リスクを回避せよ

16年11月23日、ソニーの中国広東省広州市の工場で、従業員による大規模なストライキが発生した。同工場の売却を発表したことに対して従業員が一斉に反発し、4000人を抱える工場で生産が中止に追い込まれる事態となった。中国では待遇改善だけでなく、撤退に絡んでも日本の大手企業を狙うストが未だに相次いでいるようだ。中国ビジネスの難しさが改めて浮き彫りになった格好だ。

●中国進出企業は減少傾向に

中国に進出する日本企業が現地で予想外の課題やトラブルに直面するケースは、すでに15年から顕著になっており、中小企業の場合、トラブルが経営破綻につながっていることをご存じだろうか？

事実、15年度の中国の景気減速などを原因とする倒産の負債総額は国内全体の1割を超え、その倒産件数と負債額は累計で80件、2300億円超にのぼる（東京商工リサーチ調べ）。件数は前年度同期より7割増で、負債額は約10倍に達した。

中国政府の大型経済対策により、直近の中国経済は元気を取り戻しているような印象だが、16年初の中国からの受注急減や現地取引先の経営悪化で行き詰まる企業の状況は悲惨なものがあった。中には中国政府から指示された工場移転先が軍用地で使えず、倒産した中小企業などもあるという。

帝国データバンクの調べで中国進出企業はすでに減少傾向にあり、その背景として、

（1）中国での人件費高騰など、コスト負担増で採算が悪化
（2）中国の子会社、取引先企業からの売掛金の回収難や取引条件の変更
（3）中国政府の工場移転命令を契機に移転先でトラブル
（4）食品偽装などの品質問題
（5）反日感情の高まりによって、日本製品の不買行動や取引の縮小

の5パターンがあるという。

日本における対中感情も決していいものではない。16年6月に日本経済新聞社が約3000人の日本在住の民間企業で働く係長以上の役職者に、インターネットを通じて行った調査によ

ると、尖閣諸島の接続水域を中国の軍艦が航行したことについて、75％が「日本の領土・領海に深刻な脅威」と回答。人工島を建設した南シナ海情勢に関しては、95％が「反対を表明すべきだ」と答えた。

中国でビジネスを行う際に懸念する問題として「政治リスク」を選ぶ人が約80％に達した（しかし、例えば富士ゼロックスのように、そんな環境下でもビジネスをうまく回して、「日中関係の悪化だが、今のところ中国ビジネスに影響は全く出ていない。やはり最大のリスクは人件費の上昇だろう」という会社もあるけれど）。

私は単純な人間なので、わざわざそんな国で無理して現地で商売することもないだろうと感じている。いつ何時何が起こるかわからない恐怖に怯えながら中国で仕事をすることなどやめてしまって、もっと好意的に受け入れてくれる先で仕事をつくったらどうだろうか？　人間の本能的にそう思うのは当然だし、私もバフェット同様に「好きな時に好きな人と好きなことだけ」することをモットーにしているので、余計にそう考えた。

もっとも、中国の人口の多さや勢いを増す消費や国際影響力を考えると、今後も中国が有望市場であり続けるのも間違いない。16年11月11日の「独身の日」におけるネット通販セールの活況を見ても、それは明らかだ。

このセールをしかける核であるアリババ集団の「独身の日」の売上高は過去最高の約2兆円（178億ドル）に膨らんでいる。少し古いデータだが、日本の14年のEC（電子商取引）の市場規模は13兆円弱だったから、日本ECの1カ月半〜2カ月程度にあたる取引金額をわずか1日で稼ぎ出したことになる。実際に、ユニクロが昨年は1日で120億円を売り上げた。ゆえに、ユニクロ、良品計画、ピジョンなど中国でうまくやれている企業にまでわざわざ撤退せよと言うつもりもない。しかし、中国市場の売上に占める割合が高いこれらの企業もそのヘッジをすることは急務である。

●トランプ米政権誕生も波乱要因

さらに、TPP交渉離脱を表明しているトランプ次期米大統領の下、TPPは域内約6割の経済規模を誇る米国が抜ける見通しとなり、TPPは骨抜きとなった。これにより存在感を増すといわれている中国の影響力の大きいRCEPは18・77億人、世界人口の4人に1人をカバーすることになり、中国の国際影響力の拡大で無視できない市場であり続けることも否めない。

したがって、越境ECでチャイナ・リスクをうまくかわしながら、消費力のあるところに自社の自慢の商品を落とし込むなどのクレバーなやり方をしている企業も、売れるところまで売って外貨を稼ぐといいだろう。15年夏に起きた中国株急落で中国市場はいったん冷え込み、多くの経営者が大きな傷を負ったが、そこを乗り越えた企業は今、逆に好調な会社が多いのも事実だ。それを機に、中国市場は本当に技術力や実力がある企業か、選別の時代に入ったように感じる。技術力がない会社はどんどん倒産に追い込まれている。これが今の中国だ。

さらに、個人的には上海交通大学に留学した経験から、現地に仲のいい友人もいるし、上海が好きだし、何も国同士、企業同士いがみ合いなさいと言っているわけではない。

一方で、日中間だけでなく、中国と欧米先進国との経済摩擦激化の兆しが出てきている点も見逃せない。

米政府は、中国を世界貿易機関（WTO）協定上の「市場経済国」に認定しない方針を表明した。欧州連合（EU）も同様であり、日本も追随する公算だ。

鉄鋼製品など中国の安値輸出に歯止めをかけ、中国企業による自国企業買収にも米国は警戒感を強める。「米国第一」を掲げるトランプ次期米政権の誕生も経済摩擦の深刻化への波乱要因だ。トランプ氏は大統領選中、「為替操作国である中国からの輸入品に45%の関税を課す」と主張してきた。当選後はこの件に触れていないが、中国には危機感が強い。

WTO協定上、米国は特定国に対する関税を一方的に上げることはできないが、中国社会科学院の倪月菊研究員は「関税引き上げに向けた調査を進めるだけでも、中国経済には大きな影響がある」と懸念する。

それに対して、反発する中国は対抗措置を視野に入れる。中国外務省の耿爽副報道局長は「中国が市場経済を発展させた成果は世界が認めている」と反論。中国もグーグルやツイッターなどの米企業を自国市場から事実上締め出す動きが目立つ。

米ゼネラル・モーターズ（GM）や独フォルクスワーゲン（VW）が最も車を売っているのは巨大な中国市場で、この対立が激化すれば、中国は国営メディアを動員した不買運動で対抗することもできる。

中国が2001年のWTO加盟時に受け入れた15年間の「非市場経済国」の期限は16年12月11日で、日本は外交関係も考慮して市場経済国か否かを明確にせず、事実上は非市場経済国としての対応を取るものとみられる。

さらに、中国企業の債務残高はGDP比171％に達し、欧米企業の水準の2倍を超える。金融部門に巨額の不良債権が積み上がる一方、投資収益はしぼんでいる。米モルガン・スタンレーによると、08年の金融危機以前、中国はGDPを1ドル増やすのに1ドルの借り入れが必要だったが、現在は6ドルを要する状態だという。値段の上がり続けている不動産バブルへの懸念も捨てずに頭の隅に入れておいたほうがいいだろう。トランプ米次期大統領が中国製品の関税引き上げをちらつかせ、アップルの製造を担う鴻海が米国への生産移管を検討しているなどのニュースもある。

中国に関しては、引き続き魅力ある市場であると理解はしつつも、先述したチャイナ・リスク（どの国にもリスクはあるが、相対的に大きいリスク）の経営的、投資的ヘッジとして、中国に変わる、いや中国を超える市場を開拓することが急務であると言いたいのだ。

それに海外進出がまだ遅れている企業に関しては、日本企業や日本人をうわべだけで歓迎するところよりは、心から歓迎してくれるところで行ったほうがいいと思う。

所詮、ビジネスも最後は人と人。そういう気持ちで中国から少しアジアの左に目を向けると、心が躍る人口20億人の活気に満ち、将来性あふれた市場があるではないか。

次項では、インド＋親日アジア市場を紹介する。短期でしか物事を見られない者には「今は新興国の通貨安・株安で危ないのでは？」と思うかもしれない。

しかし、もし再び「アジア通貨危機」のようなものが起きたら、むしろ喜んでほしい。97年のアジア通貨危機後にアジアに投資した者、そのアジアへの積極展開をやめなかった日本企業に投資した者こそが、最も儲かったのだから。

長期のメガトレンドに降る一時的な雨は、「恵みの雨」になるということを忘れてはならない。

☆20億人の親日ビジネス圏 ～インド＋親日アジア～

２０２２年に中国を抜いて世界最大の人口大国となるインドを筆頭に、親日アジアの主な市場の人口を累計するだけでも、約20億人の市場でわれわれはビジネスを行うことが可能だ（日本もホームとして親日アジアにカウントした）。この市場だけで、世界の４人に１人以上をカバーすることができる。私は日本の力強い未来と企業の繁栄は、この親日ビジネス圏での競争に勝つかどうかだと強く感じていることをお伝えしたい。

なお、親日の定義は、電通が公表している好意度ランキングをもとにベストテン入りした国と地域の市場を対象とした。

(単位：千人)	2015年	2050年（推計）
インド	1,311,050.53	1,705,333.00
インドネシア	257,563.82	322,237.00
日本	126,985.00	107,411.00
フィリピン	100,699.40	148,260.00
ベトナム	91,703.80	112,783.00
タイ	67,959.36	62,452.00
マレーシア	30,331.01	40,725.00
台湾	23,500.00	22,176.00
香港	7,305.70	8,148.00
シンガポール	5,535.00	6,681.00
親日アジア市場合計	2,022,633.62	2,536,206.00
世界に占める割合（%）	27.71	26.08
世界総人口	7,300,000	9,725,148
中国	1,371,220.00	1,348,056.00

世界の
4人に1人
以上が
親日
アジア市場
の人！
（日本も含む）

出典：
世界銀行、国連資料から筆者作成

☆高成長経済&若者が社会を支えるアジア新VIPとは？

私は個人的に相思相愛の市場でビジネス・投資をしたいと考えるが、客観的にもこの親日アジア市場は魅力が大きい。中でも、アジア新VIPという言葉が登場し、今後長きにわたって経済成長を期待されている国には私も注目していきたい。

これは、ベトナム（V）、インド（I）、フィリピン（P）の頭文字を取った言葉で、好調で強い内需や中国への依存度の低さが共通の特徴として一躍注目を浴びている。

インドが約13億、フィリピンやベトナムもそれぞれ約1億の人口を抱え、国連はこの3カ国の人口が今後数十年にわたって増加すると予測する（前項も参照）。国民の平均年齢もフィリピンが23歳、インドが26歳、ベトナムが30歳と、46歳の日本や38歳の米国などと比べて大幅に若く、中間層の増加による内需拡大に期待が集まる。

日米欧の先進国の景気がもたつくなかで、大幅な人口増加、急速な所得上昇、ネットショッピングの急増により、アジアの消費ブームは先進国企業にとってますます魅力的なものになっている。

① 日本に対する好意度 ランキング ＊（ ）内は2015年の順位（トップ10まで）
「あなたは日本のことが好きですか？」という設問に対し、5段階で回答。

順位	
1	タイ（3）
2	ベトナム（1）
3	フィリピン（4）
4	シンガポール（7）
4	マレーシア（8）
6	香港（7）
7	台湾（1）
7	インド（4）
9	インドネシア
9	ブラジル（4）

アジア新VIP
「ベトナム」
「インド」
「フィリピン」
複数年で上位

出典：電通ジャパンブランド調査
(http://www.dentsu.co.jp/news/release/pdf-cms/2016088-0726.pdf)

まさに、マネーが新ＶＩＰに向かう理由は高まる消費力にある。１人当たり国内総生産（ＧＤＰ）は節目の３０００ドル（約30万円）に近づき、自動車や家電が急速に普及し始めた。貪欲にモノを求める中間層が何十年も増える衝撃は計り知れない。

さらに、３カ国の輸出に占める中国向けの割合は１割前後にとどまる。特に中東や欧州と経済的なつながりが深いインドの中国向け比率は４％程度と極端に低い。

実際に、15年に６・９％だった中国のＧＤＰは過剰な生産能力や債務の調整が長引き、30年には２・８％まで鈍るとの予測（日本経済研究センター）がある。

中国は過剰債務の圧縮に伴い投資が勢いを欠くうえ、生産年齢人口の減少も響く。この点で、チャイナ・リスクに遭遇していない企業にも長期的に伸びるアジア新VIP市場にぜひ目を向けていただきたい。

なお、従来「アジアVIP」のIはインドネシアだったが、商品相場の急落を受けて新VIPの枠組みからは抜け落ちたようだ。

もっとも、2050年には3・2億人の巨大市場となるインドネシアも個人的には「I」に入れておきたい。後述するが、親日感もなかなか強く、注目は続けたい。

V【ベトナム】日本留学・増加率No.1、大事にしたい親日国

◎日本への留学生が急増するありがたいベトナム

では、まずVのベトナムから個別に触れていきたい。

ベトナムは人口が約9300万人、ASEANでインドネシア、フィリピンに次ぐ3位で近年の経済成長率も6%を超える高成長を続けている有望国だ。

そんな勢い溢れるベトナムの学生や若年労働者が向かう人気国がわれらのニッポン。

前著でもご紹介した通り、ベトナムから日本へ留学に来る人の増加率は直近1・5~2倍近いペースで急増しており、静かな衰退進む日本に来てくれることへの感謝の想いを綴りたい。

彼らはいずれ、日本の新しい産業を担う「金の卵」になり得る。

日本学生支援機構(JASSO)によると、2015年5月時点で日本に留学している外国人は20万8379人。前年5月から13%増えた。在留資格の変更で11年5月以降から日本語教育機関に在籍する留学生もカウントすることになったこともあり、20万人の大台を初めて突破した。

出身地別ではアジアが19万人強と圧倒し、中でも中国が9万4111人と国別で最多だが、中国からの留学生数は頭打ち。全体に占める比率も45・2%となり、初めて5割を切った。そんな中、われわれ日本人としても、ベトナムからの留学生急増をもっと意識して、普段の生活の中で温かく迎えてほしいと思っている。

個人的には、日本最大の商店街である武蔵小山の日高屋（私の代表銘柄の一つ）でラーメンを食べた時に接客してくれたのが、ベトナム人（複数名）の方だった。そして、彼・彼女らの日本語のレベルに驚いた。多くの中国人の日本語に角を感じることがあるのに対して、ここのベトナム人店員さんの日本語は滑らかなのだ。

彼らを雇用している日高屋に拍手を送りたい。身近なところで、有名なレストランでもベトナム人の研修者を見かけるようになったし、私の友人が社長を務めるエボラブルアジアの成長原動力としてベトナムの活用があったりもする。

背景には現地での就職難がある。大学を卒業しても働き口が見つからないため、海外に活路を求めている。そんな背景もあり、日系企業の進出が相次ぐベトナムでは、就職に有利な日本語学習熱が高まっているのだ。

◎日本は対中リスクをベトナムと共有し、政経ともに関係を深めよ

また、基本的には反中親日な点も見逃せない。

人気のリゾート地「ダナン」ではそれを感じる出来事が起こっている。

ベトナムでは15年7月から外国人の土地保有が解禁され、立地によっては1年で2～3倍と地価上昇が激しいダナンでは中国人の投資家が増え、中には本来外国人が取得できないような土地も法律の抜け穴を利用して取得する中国人が目立ち問題になっている。

観光の現場でも中越間のトラブルが相次ぐ。ダナンのバーで中国人がベトナムの紙幣を燃やしたとして警察が捜査し、「ゴック・クイ」というレストランが中語人のマナーの悪さを理由に「われわれは中国人に食事を提供しません」とベトナム語、中国語で書いた看板を掲示し、中国人をボイコットした。現在はボイコットをやめたが、反中の動きとして話題になった。

15年にダナンを訪れた中国人は30万人と国別で最多にもかかわらず、南シナ海等の問題もあり、ベトナム人は中国人を色眼鏡・反中で見がちな傾向があるようだ。

実際に、ホーチミンで親しくなった20代前半のホテルウーマンやその友人たちは、「中国は好きじゃない」と言っていたし、私の見本市視察をサポートしてくれた子は、会場で中国人と中国語で話す私を見て、「英語にしなよ。トモさんの印象が悪くなっちゃう」とまで言っていた。

しかし、中国は総貿易額の2割を占め、共産党の党運営を手本にするなど関わりが深く、ベトナム政府としては公然と中国を批判できない。さらに、昨今はフィリピンが対中関係改善に傾斜している中で、ベトナムも対中関係の再構築を迫られており、TPPの国内承認の見送りやカムラン港の中国艦艇受け入れなどを行っているのが実情だ。その分、庶民の反発は強まる。中国人が多く訪れるダナン、ニャチャンといったリゾート都市ではベトナム国民のナショナリズムが過激化しやすい。

一方でベトナムの親日感情は深い。ありがたいことだ。日本はベトナムにとって最大のODA拠出国で、直接投資トップの座を韓国に奪われた今でも、日本企業の誘致を熱望するベトナム政府関係者は多い。その熱が冷めない間に、日本企業にはもっとベトナムに直接投資をしてもらいたいと個人的には願っている。軍事的にも、南部の要衝カムラン湾に海自艦艇が初めて寄港するなど連携を強めた。ダナンの〝親日反中〟の動きはベトナムの立ち位置を象徴していると考えている。そして、これに呼応し、実業界でも日越間のダナンにおける連携の深化が進んでいる。

16年4月、ベトナムIT最大手のFPTはダナンに敷地面積1・9ヘクタールのIT開発拠点を開設した。20年にはエンジニア1万人が常駐する同国有数の拠点となり、ダナンのIT産業をけん引する役割が期待される。発展途上のダナンでFPTが大型投資に踏み切った背景には日系IT企業の進出がある。

ダナン市人民委員会によると、9月時点で112件、総額3億9700万ドルの日本企業からの投資があり、大部分はITだという。日本企業は雇用期間も長く、従業員教育もしっかりしており、ベトナム人からの評判が良い。

ダナンでは毎年、IT関連の大学から3600人が卒業するが、IT業界に就職できるのは50～60%に過ぎない。日本企業がその受け皿になれば地域への貢献度は大きい。ダナンでは、観光以外の産業が育っていないことが課題で、市はITを主軸産業として育てようと日本企業に目を付けていた。東京、大阪からの直行便もあり、日本人の注目度も高い。15年7月には市人民委員会のなかに日本語ですべての手続きができる「ジャパンデスク」も設けられた。

最後に、ホーチミンの展示会場で行われた国際見本市「ベトナム・プラス（次ページ写真）」で出展社の約7割が中国企業だったことはショックだった。本書では割愛したが、9月のバンコクでのプラスチックや化学材料の展示会でも6割の出展社が中国勢であった。日経の記事にあった日本の化学企業の優位性の消失が速くなっていることを痛感する現場となった。このホーチミンの見本市、商談をする真剣な来場者が多く、素晴らしかった。そして、日本産業界の

VietnamPlas
The 16th Vietnam International Plastics & Rubber Industrial Exhibition
28 SEPT. - 01 OCT., 2016
TAIWAN EXCELLENCE
ACHIEVES THE PRECISION YOU NEED
TAIWAN
KHU VỰC ĐĂNG KÝ
28 - 30 Sept.
09:00 - 17:00
01 Oct.
09:00 - 15:00

TAIWAN EXCELLENCE
INDIA
CHINA
Stall No. 365
Vinodrai Engineers Pvt Ltd. India
VINODRAI

LAIWU HUAYA POLYMER SCI.&TECH. CO.,LTD
SHANGHAI JIAHAO MACHINERY/WEILEI MOULD

未来を考えると、日本からの出展社がたったの2社で、「JAPAN」バナーがなかったことにより、背筋に寒気が走る経験をしたのであった。

◎沸騰するベトナムの消費市場

ベトナムの小売市場で現地の異業種企業の進出が相次いでいる。不動産大手のビングループは19年末までにコンビニエンスストアを1万店出店する計画。14年10月に地元スーパーを買収して小売事業に参入したビングループ。15年後半からはコンビニ店「ビンマートプラス」の出店を始め、すでにハノイとホーチミン市で計880店を展開する。同社はコンビニ以外でも19年末までに400のショッピングセンターを出店、家電量販などへも業態を広げ、全売上高の2割にとどまる小売業の比率を数年内に5割に高めると意気込んでいる。

01年設立でウールなどを手掛ける衣料品メーカーの「カニファ」も14年から本格的に小売事業を始めた。「ユニクロ」にちょっと似た店作りや品ぞろえが特徴だ。価格はユニクロよりやや安い程度。ベトナムの一般的な消費者から見れば割高だが中間層の支持を得て店舗数は70店を超えた。残念ながら、ホーチミンにユニクロはないが、ZARAはすでに進出している。ミトラ・アディプルカサ(MAP、インドネシアの小売り大手)が、「ZARA」の店舗をベトナムで展開しているのだ。同社は自国でスタバ、バーガーキングなど国際的なブランドのフランチ

ャイズ店も展開する成長企業である。

（上記の写真は、ＶＩＮＣＯＭ ＣＥＮＴＥＲというショッピングモール。この中にＺＡＲＡをはじめ、スペインのアパレルＭＡＮＧＯなどが入っている）

多店舗展開を後押しするのが政府の規制緩和だ。同国では新しい小売店を出す際には地元企業への影響などを当局が審査する制度があるが、基準は明確でなかった。変わり始めたきっかけが07年の世界貿易機関（ＷＴＯ）への加盟だ。透明性のある市場づくりが始まり、出店にかかわる規制緩和も進み、16年5月には政府が５００平方メートル以下の小型店なら当局の審査が不要となる規制緩和策を発表した。

中間層の拡大で小売市場の魅力も増す。業界団体などによれば、ベトナムの小売市場は15年に1098億ドル(約11兆円)。この5年で2・4倍に膨らんだ。20年には1790億ドルまで増える見通しだ。

もちろん、人口9300万人のベトナム小売市場には外資系の進出も相次ぐ。14年からホーチミン市やハノイに大型モールを開業してきたイオンは16年7月に4号店を開業。コンビニでは「セブンイレブン」が18年2月までの進出を計画する。ファミリーマートやサークルKはすでに街中で多く見受けられた。

そして、現状の消費市場での課題の一つが未成熟な物流インフラで、狭い道路にひしめくバイク、交通渋滞は慢性化しており、配送効率は低い。冷凍・冷蔵の低温物流網の整備もこれからだ。外資勢はそうした脆弱なインフラでも展開するノウハウを持つ。外資に対する投資規制の撤廃傾向は、これまでベトナムの課題であった物流の改善も促すかもしれない。乳業大手のベトナム・デイリー・プロダクツ(ビナミルク)は10月、49%までとしていた外国人による株式保有上限を撤廃しており、どんどん外資のパワーがベトナムに入って来そうな気配だ。

現在、活発な消費に支えられ、家庭用エアコンの市場規模は同地域最大級の年約200万台で、年10％超のペースで拡大している。モーターを効率的に制御し消費電力を抑制するインバーターエアコンは日本では主流になっているものの、東南アジアでの普及はこれからの魅力ある市場。ベトナムのエアコンの普及率は2割弱だが、所得向上に伴って省エネ性能が高いインバーターエアコンの人気が高まっている。

その中で、ダイキン工業は18年にベトナムでコールセンターや販売店向けの研修施設を備えたサービス拠点を設け、新工場も建設する。サービス体制を充実させ重点市場を深掘りする。同社のベトナムでの家庭用エアコンのシェアは25％強で、パナソニックと首位を競っている。ダイキンはインドでも職業訓練校を作るなど、アジアの一手が早い。

日本企業の活躍はこれに留まらない。サッポロHDはベトナムで16年7月下旬、従来品より2～3割安い普及価格帯の新ブランドを展開。欧米大手も価格を抑えた商品の品ぞろえを増やしており、数少ない成長市場で中間層の争奪が激しくなっている。ベトナムの14年のビール消費量は390万キロリットルとアジアでは中国と日本に次ぐ3位。経済成長とともに毎年数％伸びており、20～25年には日本を抜いて2位に浮上する見通し。

ホーチミン都市鉄道1号線が総事業費2368億円をかけて、2020年開通予定で進めら

ホーチミン都市鉄道１号線建設現場とルイヴィトン

れている。高架工事は住友商事、地下工事は清水建設・前田建設工業、車両は日立製作所で、ＯＤＡ６５０億円も活用されている。地下街には日本式のショッピングセンターが入る予定で日越友好の象徴にもなりそうだ。

亀田製菓もベトナム市場の開拓を一段と加速。11月にホーチミン周辺で新工場を稼働し、12月中にはハノイの工場に新包装ラインを導入する計画。14年に発売したイチ（揚げせんべい）の16年４～９月期の売上高が前年同期比８割増と好調なため、工場新設で増産体制を整え、経済成長が続く同国でシェア拡大を進める。15年度で19億円だった同国合弁会社の売上高を16年度に８割増の35億円まで引き上げる。同社は18年にインドにも進出する。

ブラザー工業はベトナムでの工業用ミシンの販売体制を強化すると発表した。これまで香港の現地法人が管轄していたベトナムでの販売業務の一部を、同国の現法に移す。同国では縫製業の成長で工業用ミシンの需要が拡大している。販売体制の強化でシェア拡大を目指す。同社は同国を最重要地域と位置づけ、今後も人員増強などの体制強化を続ける方針だ。

また、国内だけに留まらず、最近はＡＳＥＡＮ内に投資をするベトナム企業も現れている。ミャンマーのヤンゴンに15年12月オープンした同国初の近代的ショッピングモール「ミャンマー・プラザ」は、５階建ての館内に独アディダスなど国外の有力ブランドの店舗が並び、若者や家族連れでごった返している。開発したのはベトナムの不動産開発大手ホアン・アイン・ザー・ライ（ＨＡＧＬ）。モールの隣にオフィス棟も完成済みで18年までに高級マンションも建設する。総投資額は４億４千万ドル（約４５０億円）。

躍動を始めたベトナムと日本は、政治経済ともに歩調を合わせ、互いの繁栄のためにますます力を入れてほしいと本気で願いたい。

◎そんな中、ホーチミンの高島屋が順調に立ち上がった！

ベトナムは勤勉で優秀な人が多く、フォーやバインミーは美味しいし、それで質の高い品物が揃う高島屋ができたなら、私は住んでもいいいと思える。同社に期待したい。高島屋ホーチミンは、10月の火曜の夜・木曜日の夕方・週末土曜日の午後に視察。すべてそれなりに賑わっていた。観光スポットにもなっており、若い人は店内で写真を撮ってＳＮＳに投稿していたの

ベトナム・ホーチミン高島屋

が目立った。レストランフロアは、刺身6切れ600円、焼肉カルビ1皿800円と日本と変わらない値段なのに、大賑わい。特に、北海道という海鮮ダイニングが大人気。屋台街もあったがそちらはイマイチだった。現地の同行してくれた女性曰く、「なんで高級店に来て、安いものを食べなきゃいけないのよー」との複数同意見が。高成長経済の消費者らしい意見だった。

◎ベトナム経済・消費市場を底上げするベンチャー企業の増加

ベトナムで海外帰りの「越僑（在外ベトナム人）」と呼ばれる人々が相次ぎ起業している。中核となっているのはベトナム戦争を機に海外移住した人々の子ども世代だ。経済成長の続くベトナムに商機を見いだし、音楽コンテンツ管理やベンチャー投資など米国流ビジネスのノウハウを持ち込んでいる。国際的なビジネス感覚を持つ彼らは、外国企業にとってベトナム進出の「懸け橋」となる可能性を秘めている。

実際、14年に米マクドナルドのベトナム初進出を担ったのは、米VC、IDGベンチャーズ・ベトナムを率いる越僑のヘンリー・グエン代表だった。ハーバード大卒で、ベトナムのグエン・タン・ズン前首相の義理の息子として知られるヘンリー氏は「米国とベトナムの両方に

ベトナム・ホーチミン訪問フォト

ホーチミンの夜は活気がある。（左上）空港から出たところに到着を待つ家族や友人たちに始まり、深夜でもコンビニは空いている。お馴染の江崎グリコのポッキーやマンダムのギャッツビーはアジア各地でも見られる商品だ。
ブイビエン通りといわれる通りは外国人が多く、深夜も大賑わい。朝方に近い時間でもカップルが歩ける治安の良さ。ただし、スリ・バイクのひったくりにだけは注意が必要だ。

顔が利く存在」として白羽の矢が立った。

株式上場で東南アジア初の女性ビリオネアになるとブルームバーグに紹介されたベトジェットエア最高経営責任者（CEO）のグエン・ティ・フオン・タオ氏をはじめ、女性の起業家も目立つ。まさに今、ベトナム経済の近代化が一気に進んでいるのだ。

Ⅰ【インド】2022年、世界最大の人口大国となる成長国

◎インドってカレーだけじゃないの?

この本の読者にそんな人はいないと信じたいが、インドのイメージがカレー、ターバン、象、綿花…って方が読んでおられたら、悪いことはいいません。自己運用を放棄して、投資信託の本を買ってくださぃ、あるいは盲目の読者としてついてきてください（笑）。10年以上前ならわかるが、今このレベルなら社会感度が悪すぎる。

実際に、私が03年に行ったインド株ADR投資の際には、そのような感想を持った人だらけであった。日本でインド株の投資信託が初めて発売されたのは04年だが、世界的にもインド株ファンドへの資金流入でADRが急騰した。そして、インド株ADRを個人レベルでガンガン買っていた投資家として米ブルームバークや印シリコンバレーニュースに取材されたのが、私とメディアの初めての接点となった。インドはわたしにとって想い出深い国なのである。

私はよく長期投資の決断に「10年目線」という言葉を使っている。まさに01年にまだホットメールを使っていて、池袋の新生銀行の0円ATMが画期的だと思っていた当時、その開発を

インド人が行ったと知ってリサーチを始め、構築したインドへの10年目線がようやく時を経て、現実のものとなった。

私の中では今更「インド、インド」と騒ぎだしたわけでなく、ようやくインド市場がリーマン・ショック後の爆買い中国のように黄金期を少しずつ迎えそうだから、この本を出したのである。いよいよ、いよいよインドの時代が始まる。われわれ投資家もビジネスマンも、今後の世界経済の核となるインドへの理解を欠かすことは、スマホもPCも持たずに職場に行くのと等しいと心して、普段からアンテナを張っていてほしい。

昔、大学の卒業論文にも書いたが、中国と対等にアジアでぶつかっていくために日印が手を結んで未来を創ることは私の悲願であり、それが日本の国益にかなうと信じている。今、この原稿を書いていて、「どこが儲かるか」ではなく、「どうすればわれらの社会繁栄が続くか」を考えた結果として、人さまよりも先手投資ができたにすぎないと痛感したことを書き添えておきたい。

結局、さっさと儲けたい人はとっととお金を失う部類の人であり、もし「10倍株や大化け株」というキャッチだけに惹かれてこの本をお手に取っていただいた方がいるならば、ぜひこれを機会に、マインドセットしていただけたらうれしい。

前置きが長くなり恐縮だが、それだけの価値ある国、インドを紹介したい。

◎世界のIT企業トップを生み出す優秀な人材を次々と輩出

GDP規模がフランスに次いで世界で7番目に大きいインドは、現在7%後半の高度経済成長の真っただ中にある。外貨準備高は過去最高水準で経常赤字も縮小し、為替は安定。物価上昇率も中央銀行により制御されている。公務員給与の引き上げに伴う個人消費の増加やインフラ投資の拡大などの景気押し上げ効果があるようだ。

これを評して、「曇った世界の地平線に輝く一点の光明」(IMF)として、世界経済の希望の星と評価されている。

何といっても、インドパワーの源の一つは「22年に世界最大の人口大国」となることだ。現在でも世界約73億人に対してインドの人口は約13・1億人。な、な、なんと大雑把にいえば、地球上の5人に1人はインド人なのだ。こんなにわかりやすい経済環境の競争優位性はない。

インドはご存じの通り、同じ人口大国・中国と違って資本主義経済なのだが、未だにカースト制度が根強く残る封建的な社会でもある。(中国上海に関しては、日本よりよっぽど資本主義的だと思うけれど…)

しかし、このカースト制度のお陰もあり、インドのIT産業が盛んになったと言われている。

カースト制度のもとでは職業も自由に選べなかったが、ＩＴは新しい産業だったため、規制がなく、みなに平等にチャンスがあったのだ。

その結果、現在世界企業のトップにインド出身者が大勢いる状況が生まれている。スンダル・ピチャイ（グーグル（アルファベット）ＣＥＯ）、サトヤ・ナデラ（マイクロソフトＣＥＯ）、シャンタヌ・ナラヤン（アドビシステム）、ラジーブ・スリ（ノキア）、インドラ・ヌーイ（ペプシコ）などが著名で、ニケシュ・アローラ（ソフトバンク元副社長）も日本では記憶に新しい人物だ。

そして、こういう優秀なビジネスマンはごくわずかな一握りの人ではなく、優秀な人材を輩出するシステムに支えられている。有名なのは米マサチューセッツ工科大学（ＭＩＴ）に追いつけ追い越せで作ったインド工科大学（ＩＩＴ）で、競争倍率60～１００倍だという。それは、ＩＩＴへの入学試験が「新たな人生のチケット」といわれているからだ。

毎年12月１日の就職活動の解禁日には、グーグル、ＩＢＭ、オラクル、ゴールドマンサックスなど世界の著名企業がこの大学に押し寄せ、ソニー・ＮＥＣ・ＮＴＴ・楽天・シスメックスなど日本の大企業も右に同じだ。

グーグルが新卒の学生に３７００万円を提示したのもここの学生に対してで、他にもＩＢＭやオラクルなど世界企業クラスは年収１０００～３０００万円くらいの提示を学生に行っているモンスター大学なのだ。実際に、世界初とか、今まではないといった研究に取り組んでいる学生が多く、米シリコンバレーでも活躍が目覚ましい。インド出身の技術者はシリコンバレーに約30万人ともいわれている。

日本の東大に入っても原則的に新卒でそのような高い年棒を国内でもらうことは厳しいが、インドでは可能なのだ。日本でも新卒のスマホアプリ開発者に年収1000万円を出すケースなどがちらほら見かけるようにはなったものの、IITの優秀な新卒者のほうが金額も倍以上なら、大学のブランドへの信頼感も絶大で話のスケールが違い過ぎる。もっとも、平均的な普通の大学を卒業した普通の学生はせいぜい50万円程度の年棒なので、20～60倍もの新卒年棒をもらうIITの学生がいかにスゴイか、ということである。

大卒でいきなり日本の総理大臣に並ぶ年収を手にできるインディアン・ドリームの国。日本の新卒大学生の平均年収は250万円だから、彼らは社会人のスタートから日本人の平均の10倍株(テンバガー)の価値があることになる。

もちろん、この大学への道となる義務教育の過程でも子どもたちは勉強熱心だ。インドで最も貧しい地域ビハール州・パトナにある「ダヤーナンド・アングロ・ヴェディック小学校」の数学教育水準がすごい。かけ算は20の段もスラスラで、数学大国の代名詞のような学校だ。

当時インド全体平均年収15万円の半額にも満たない平均年収6万円の貧しい環境下から、勉強してグーグルトップになったスンダル・ピチャイに子どもたちも憧れる。先生たちは、ピチャイを超えていくよう子どもたちにはっぱをかけ、子どもたちもイキイキとした目で挙手をし、それに応えている。

ここには、現状に満足せず、理想とする未来を創ろうとするものだけが、富を手にし、人々の上に立っていくことができるサクセス・ストーリーの原点があるのだ。

◎21世紀最大の経済大国インドに向けたモディノミクスの挑戦

そして、このインドの繁栄を底辺から底上げしようとしているキーマンがモディ首相だ。モディ首相は海外から15年度だけで4兆円の投資を呼び込み、インドのセールスマンと呼ばれているが、モディノミクスがインドを変え、世界を変える。モディ首相はIT経営者から町のタクシーの運転手まで、インド憲政始まって以来のまともで偉大な首相と持ち上げられる。私はモディ首相の活躍により、いずれはインドの中間層が急増していく繁栄の未来をイメージしている。

モディノミクスの柱が、メーク・イン・インディア（外資企業を呼び込んでインドでの製造業を発展させるというもの)、デジタル・インディア(ICT化推進)、クリーン・インディア(家にトイレがない人が4億人。環境美化運動)というわかりやすい方向性も国民と世界マネーの絶大な信頼を得ている。公務員給与の引き上げ、州ごとのバラバラな消費税が国で一本化され、物流面の効率化が期待されるなど、彼の政策への評価は抜群に高い。

モディ政権は初めて明確に「産業支援」を優先する政権だと私の周辺の現地産業人は見ている。例えば、モディ政権が14年にディーゼル燃料の価格統制を廃止し、燃料政策の不透明さが改善したことなどは、産業界へのビジネスの円滑化を後押ししている。

もちろん課題もある。自動車業界などでの競争過多、プレイヤーの多さだ。インドの自動車市場に15社以上がひしめく。道路などのインフラ整備、不衛生な都市開発、先日も邦人女性が被害にあった暴行被害に対する安全対策など課題は多い。

しかしながら、このモディ首相はそれにも負けずに改革にまい進するだろうという期待を持っている。先日の16年11月8日、耳を疑うことをモディ政権は発表した。突如として高額2紙幣の使用禁止をし、国内流通紙幣の金額ベースで9割弱に当たる200億枚を使えなくする措置を発表したのだ(廃貨対象とは五百ルピー札(約800円)と千ルピー札で、身分証とともに銀行窓口に持ち込めば、百ルピー札や新紙幣である二千ルピー札に替えられる)。

MAKE IN INDIA
MAGAZINE LAUNCH
モディ首相掲げる3本柱のうち、
もっとも重要なMAKE IN INDIA。
これによりインドがIT・ハイテクを駆使した
製造国として浮上する日も来るかもしれない。
こういう趣旨のものを、
政財官だけでなく、
ボリウッドスターやモデルまで
勢ぞろいで式典があり、
ボーグがそれを特集した
のは国としての強い意志を感じた

※インド版VOGUEより

もっとも、庶民は意外と冷静で3人に2人は「賛成」のようだ。背景にはインドの大きな富の格差があり、成人人口の3％の富裕層が同国の家計資産の64％を握るとの分析もあり、富裕層が節税策に利用してきた現金蓄財を狙い撃ちにしたのだ。不正資金は国内総生産（GDP、2015年は約230兆円）の2割以上に上るとされる。

モディ政権の狙いは、地下資金の捕捉率を高めて、中長期の税収増加につなげることだ。ただし、廃貨という劇薬は副作用も強く、現金決済が中心の小売業者らは売り上げを失い、お金が使えず病院にも行けずに死者が出るなどの混乱も起きたようだ。それでも、先進国の仲間入りを目指す大国インド・モディ号の痛みを伴う構造改革へより期待を抱いたのは私だけではないだろう。

実際に、廃止する高額紙幣の両替に制限を設けたため、結果として資金が集中している銀行の運用資金がインド国債に向かい、金利低下につながっている。トランプ次期米大統領の誕生で世界的に長期金利が上昇しているにもかかわらず、この流れに明確に逆行している。これにより今後の成長率は6％台に低下するという声もあるが、この金利低下が景気浮上につながる可能性もなくはない。

最後に、シン前首相は全方位外交だったが、モディ首相はインドの国益を見極めながら付き合う国を選んでおり、モディ首相は日本を重視している。その証拠に日本人だけがインド入国の際にアライバル・ビザが当日利用可能だ。首相就任後に訪問した最初の先進国も日本で、日本のインフラ・環境技術がインドも欲しいといったところだろう。

ムンバイ・アーメダバード間の新幹線も日本のノウハウが活かされたデリーメトロの高評価に起因しているといわれている。ぜひ、日本企業もモディ首相のモディノミクスが続く間にインドでの展開を始める、あるいは加速させてほしい。そして、その先例にもなる日本の小売り大手で初進出したMUJIの話を紹介させていただきたい。

◎離陸するインド・メガ消費市場！ MUJIのインド進出最前線

2100万人の住むムンバイ。東京メトロのノウハウ・日本のODA支援で作られたデリーメトロの実績でムンバイ・アーメダバード間に日本の新幹線が走ることが前述の通り決まり、日本との経済関係が深まる都市でもある。

何より、経済成長著しいインド最大の商業都市でもあり、人々の買い物熱で沸騰している街だ。その中でも、8月にオープンしたMUJI 1号店のあるパラジウムモールはムンバイで最高級のモールだ。MUJIのシンプルでベーシックなデザインの衣服や雑貨を約2千点そろえ、整然と並べた仕様に、現地でも「値段はちょっと高いけど内装と陳列が素晴らしい」、「文房具、カラフルなボールペンがいいね」「滑らかにスーっと動く収納ケースにびっくり」などの好評価の声があがる。

値段に関しては本当に高かった。日本円で1200円の収納ケースが2400円、他のものも平均して1・5倍ほどの価格。これは製品を日本から輸入していること、インド政府の繊維製品への関税引き上げが要因だという。

それでも、なんとオープンから1カ月で月次売上目標の4倍を達成し、予想外の在庫切れを起こすほどの好調とのことだった。

私はこれを聞いて安心した。というのは、実はMUJIは中国では絶好調なものの、東南アジア圏では消費者がかなり割高と感じており、客の入りが少ない店が多いからだ。マニラの某ユニクロスタッフに「MUJIがつぶれないのは不思議。客がいるのを見たことがない」と言われていて、私は心配していた。MUJIは中国で成長鈍化あるいは衰退しようものなら、一気に成長株でなくなる。チャイナ依存が高すぎると思っていたのだ。

しかし、MUJIは次に訪問したインドのシリコンバレーと呼ばれるバンガロールにある2号店でも盛況で、インド市場で繁盛するなら今後も有望株であり続けるという望みを抱いた。

良品計画はインド進出に向け、周到に準備してきた。インド進出を検討し始めたのはインド政府が外資小売り規制を緩和した直後の2012年2月。4年かけて準備してきた成果がこの1号店だ。今後は、1年に1～2店舗を新設し、着実に店舗単位で黒字化していく計画を立てている。

インドには無印良品のような自社ブランド品だけを売る「単一ブランド」の外資小売りは全額出資で進出できる。良品計画は原則、海外進出は全額出資の直営店方式。だが、過半出資でインド財閥大手リライアンス・インダストリーズ（RIL）と組み、出資比率は51％にとどめた。

インド民間調査会社によるとインドの小売市場は年間で2桁増の成長が続き、15年度は6000億ドル（約60兆6千億円）を超えた。一方で、政府規制や輸入の際の煩雑な手続き、広大な国土での物流構築などを考慮すると、自社だけで対応するのは難しい。そこで、RILは欧米など20弱の海外ブランドの販売を傘下企業で手がける実績があり、パートナーとして選んだ。今後、良品計画は地場企業への生産委託を模索するが、品質基準を満たす供給元を探すのは簡単ではないようだ。

今後は同国内市場で、「ZARA」「H&M」「フォーエバー21」「イケア」など先行する欧米ブランドとの競争も厳しくなりそう。中国では「MUJI」としてブランドを確立したが、「インドでは多くの消費者がブランドを知らない」(松崎社長)と言う。知名度が高いZARAやスウェーデンのH&Mが先行する。

一方で、インド事業のモデルとする中国での成功例の再現を狙う。05年の進出当初は苦戦したが、消費者市場の成熟化に伴い、無印良品の自己主張しないシンプルなデザインの良さが浸透した。今では170店超を展開し、海外事業の稼ぎ頭だ。「インドは中国、米国に続く海外事業の柱になる潜在能力がある」と見ており、幸先のいいスタートを切れたことは期待が膨らむ。

巨大だが難しいといわれてきたインド市場への良品計画の挑戦はインド進出を狙う日本企業の試金石にもなるだろう。

なお、ムンバイでもバンガロールでもMUJIと同じ敷地内にある5つ星ホテル、セントレジス(ムンバイ)、WAVERYに宿泊したのだが、両ホテルのスタッフらにもMUJIはすでに知られており、人気があったこともご報告しておきたい。

こういった良い場所や空港では、TOTOのトイレを見かけるが、TOTOもクリーン・インディアの政策に乗って成長戦略を描いている。モディ政権が、公衆トイレを地方の村々に2年で2000万個設置し、トイレが普及していないことによる5兆円ともいわれる損失を阻止。

他にもパラジウムモールでは、人口の5%(6500万人)の富裕層・お金持ちだけにターゲットを絞ったワコールもおもしろかった。一般的には300~1000円で店員が男性も多い中で、店員が女性で価格帯も3000~8000円で日本式のフィッティングも提供している。

あと、わたしの主銘柄ピジョンをインドで見かけることがなかったのは残念だった。フィリピン・マカティのSMモールでは販促ブースに遭遇したが、インドでは販促ブースにも商品にも遭遇できなかった。これは少し残念だった。

これから13億人の人々が豊かになるにしたがって、MUJIインディアはMUJIの主要な売り上げ拠点となるだろう。さすが、新卒年収3000万円の人々がいる国。購買力が東南アジアとは違う。インドは一足飛びに次の相場でタイやマレーシアを超えていくだろう。もちろん、ムンバイの不衛生な状況や暴行事件の報道を見ると、街の成熟には20年も30年もかかるかもしれないが。

MUJI・パラジウムモール（ムンバイ）

MUJI・VRモール（バンガロール）

日曜日お昼のモール前は大渋滞

ホテル部屋からの景色。
となりにフェニックスモールもある

日曜夜9時前なのに、一向に広場の
人が減らない盛況ぶり

MUJIの買い物袋を見かけるVRモールとお隣のフェニックスモール

◎続々と生まれる有望なインド・ベンチャーとソフトバンク

今、インドは空前の起業ブーム。インド政府が免税措置や支援ファンド設立に動いたことや年間のスマホ販売数が1億台となった市場の勢いもあり、若者たちが成功をつかもうと起業している。

ニューデリー郊外にある多くのベンチャー企業が集まるニュータウンにあるOYO（スマホ・ホテル予約サイト運営）もその一つだ。この企業のサービスが誕生したおかげで1500円〜価格帯のホテルに衛生的なシーツやシャワー、空調環境や無料Wi-Fiなどの設備が整うようにもなってきている。そして、このOYOに1億ドルを出資したのがわれらのソフトバンク、孫正義社長だ。現在のOYOの資産総額はわずか2年で4億ドル、約450億円にまで成長している。インドの勢いの凄まじさを感じるには十分な数字だ。

また、日本でのスタートアップは全社の調達金額で1000億円程度だった年に、インドでは1社で2400億円を調達したSNAPDEALなんて企業もある。そこにもソフトバンクが投資をしているし、インドのメッセージアプリ巨人「Hike」が、TencentやFoxconnらから1億7500万ドルを調達したが、同社もインド企業BSBとソフトバンクの合弁会社だ。孫さん、インドでもスゴイ人だと驚かされた。

◎有望なインド関連銘柄の単純明快な作り方

それは国際見本市に足を運ぶこと。今回はメイク・イン・インディアに深く関係する製造自動化と電子関連の見本市、ムンバイで8月に行われたオートメーションEXPOと9月にバンガロールで行われたエレクトロニカ・インディアの現場を見てきた。そして、誰でもできることだが、日本からの出展企業をピックアップするだけで、実は雑誌に載っているような関連銘柄を誰よりも早くつくることができる。

見本市とは数カ月から数年先を見据えて、「売上拡大」のために各出展企業がバイヤーとなりうる来場者（各企業のビジネスマンなど）に自社の製品やサービスを売り込む場である。そして、いずれかの国の特定の産業の見本市に出展しているというだけで、ある企業がその国・産業のフィールドで、売上を作りたいんだということがわかる。

今回のこの両展示会に関連産業でいなかった企業に私は「用はない」というくらい、ここにいた彼らが、数年後のインド関連銘柄で有望視されていることを私はイメージしている。

●エレクトロニカ・インディア2016（バンガロール） 日系出展企業①

●エレクトロニカ・インディア2016　日系出展企業②

●オートメーションEXPO2016　日系出展企業①

●オートメーションEXPO2016　日系出展企業②

ブラザー工業

NEC（代理店出展）

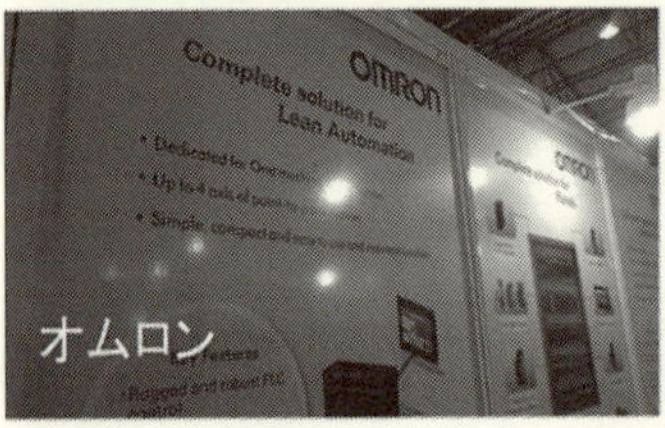

オムロン

コニカミノルタ

パナソニック

TDK

日立

P【フィリピン】私が最も熱い視線を注ぐ、若い活気に溢れた国

◎平均年齢23歳で人口約1億人、出生率3越え

女性一人当たり3人子どもを産んでいる（＝出生率3・04）若い活気に満ち溢れた国。現在のGDPは世界43位だが、2050年には16位に入ってくると見られている。一橋大学イノベーション研究センターの米倉誠一郎教授によれば、これだけジャンプアップする可能性を秘めているのはフィリピンだけだそうだ。人口も約2・5億人になると見込まれる。

直近の経済も、絶好調。成長率は2四半期連続で7％を超えており、3年ぶりの高水準で世界的にも超高水準。ショッピングモールは人の活気がとにかくスゴイ！ ショッピングの現場最前線はこの国の熱気がNo1であると感じた。

お恥ずかしい話だが、ASEANの主要国でこのフィリピンだけはこれまで行ったことがなかった。なぜなら、産業の最先端を一堂にチェックできる有名な国際見本市が何もなかったからだ。だいたい、発展する国というのは、過去には中国、タイ、メキシコがそうだったよう

に、国の繁栄とともにビジネス最前線の商談の場となる国際見本市の開催が活況を呈するものだ。

しかし、このフィリピンではジェトロや国際見本市をピックアップしているWEBをチェックしても、ほとんど国際見本市の情報がない。だから私は、「出稼ぎで伸びていて、確固たる産業もなく、治安もよくないと聞くからあまり行きたくない国」と考えてきた。今となっては、土下座して謝りたいくらいの誤解であった。思い込みとは怖いものだ。

確かに、展示会場で実施されるような産業の先端的なものはないかもしれない。しかしながら、行けばわかるが、消費の旺盛感がアジア随一で、私の動物的な直感としては「これからの未来を創るうえで、絶対に外せないパートナー」と評価は180度変わった。

◎国民の期待の星、ドゥテルテ大統領

さらに、16年6月に就任したドゥテルテ大統領によるインフラ投資や政府支出の拡大期待が根強い。国際社会では物議を醸す大統領ではあるが、現地での経験を重ねた（半年の旅のうち、累計2カ月をフィリピンで過ごすほどだった）私としては、彼だからこそフィリピンの発展と近代化は間違いないと判断するに至っている。日本のメディアが伝える大統領のイメージによる偏見に惑わされず、国際的にも今後も消費や製造業が伸びるとの見方が大勢を占めているこ

とを忘れてはならない。

たしかに、悪人は一人残らず殺す、汚職警官も麻薬の売人も皆殺しだ！　と訴え当選したドゥテルテ大統領は、犯罪と汚職がずっと続いていた同国にとっては希望の星だ。「1000人殺して何が悪い」。自警団を作って犯罪者を殺害したダバオ市長時代と同じように、力で麻薬犯を一掃するドゥテルテ大統領に国民の期待は大きい。

8月下旬には、幼稚園に通い始めた5歳の女児が麻薬犯の絡む銃撃戦に巻き込まれて死亡した。それでもなお世論は政権批判には傾かない。マニラ北郊に住む20代の会社員女性は、コカイン中毒の兄に困り果て「殺されるくらいの脅しがないとやめてくれない」と言う。麻薬のまん延は深刻で、ミンダナオ島西部の極貧地区でも「シャブは危険」の看板が目に付く。日本のみなさんに言いたいのは、すでに平和で安全で豊かになった日本ではなく、戦後の闇市から高度経済成長時代へと移行している社会を想像してほしいのだ。

「女性蔑視」などと外国から批判される数々の過激な発言も「マッチョ」と呼ぶ強い男性を好むフィリピン女性の心をわしづかみにする。ジョークを連発する国民との対話の場では若い女性に囲まれ、記念撮影をせがまれることも多い。大統領はフィリピン人女性にも人気で、その支持率は80％超えと絶大だ。

さらに、大統領は「憲法を改め連邦制を導入したい」と、マニラ一極集中が続く母国の姿を変えることにも熱心だ。さながら、ドゥテルテ大統領は、人心を掌握し、日本列島を改造して日本国民にも絶大な人気を誇った田中角栄元首相のようだ。そういう時代の中、大統領に就いた6月末以降も、氏は週の半分を地元ダバオで過ごす。迎賓館と呼ぶ施設を設け、8月には日本の岸田外相を迎えた。比政府は同月、国内総生産（GDP）統計を史上初めてダバオで発表し、それはさながら遷都のようにも感じた。

これを受けて、私も急きょダバオに入った9月2日、私はダバオで爆弾テロに遭遇するという希少で悲しい経験をした。しかし、この時のダバオ市民やマニラからSPをつけてくれた友人の対応などを通じて、私はこの大統領の底力を痛感することとなった。すでに日本の花火大会のようなショッピングモールを現実に見てフィリピンへの投資機会を探していた私にとって、この事件はある意味、運命だったのだろう。これを経て、行きたいとも思わなかったフィリピンは、私の生涯の経済パートナーとなりそうだ。

20年前、最凶な街といわれたダバオを市長時代に国内で最も安全とされる街に変えた大統領の政策にもっと日本企業も関与をしておけば、この活力は最終的には日本を利すると今では確信している。16年10月、ドゥテルテ大統領は中国や日本などを相次ぎ訪問した。中国からは総額240億ドル（約2兆7000億円）の経済協力を取り付けた。麻薬犯罪対策以外の分野には関心が低いとの懸念を払拭し、市場ではドゥテルテ氏の手腕を評価する声も出始めた。

すでにダバオでは、欧米企業がコールセンターを設け、現地複合企業サンミゲルも近郊で巨大な工業団地を計画するなど実体経済が動き始めた。日本でも2022年に三越伊勢丹HDが野村不動産HDと組み、フィリピンに進出するとのニュースがあったが、日本企業にはもっと早く深い展開を期待したいし、現地で活躍する日本企業には最大限の投資チャンスを狙っていきたい。

◎内需消費の勢いはアジア1位と言っていい！

7％台の高い成長率を支えているのが、GDPの約7割を占める民間消費の好調だ。「SMモール」などを展開する比小売り最大手のSMインベストメンツの7～9月期の売上高は827億ペソ（約1820億円）と前年同期より9・8％増えた。

好調な消費は、米国や中東など海外で働く出稼ぎ労働者からの送金の増加が要因。1～9月の送金額は前年同期より4・8％多くなった。労働者は賃金の高い国に移ったり、仕事を代えたりして、家族への送金額を増やしているとみられる。

フィリピンも公用語の英語を武器にコールセンターなどビジネス・プロセス・アウトソーシング（BPO）が発展し、中間層が広がる。その恩恵を受け「インフラ開発や小売りなど内需企業が急成長している」代表が大手不動産開発のSMプライム・ホールディングスだ。

マニラ中心部から車で約6キロメートル走ると、飛行場のような建物が見えてきた。SMプライムが運営するアジア有数のショッピングモール「モール・オブ・エイジア」。延べ床面積は42万平方メートルと横浜ランドマークタワーより1割大きい。いつ行っても親子連れ、友人、カップルで溢れている。同社の15年の売上高は715億ペソ（約1500億円）と前年比8％増だ。モールには、ユニクロ・MUJIをはじめ、米フォーエバー21やスウェーデンのH&Mなど海外の有名ブランドが相次いで出店している。（以下、モール・オブ・エイジア内・併設展示会場内写真。壇上のVIPは中国人ばかり（82ページ）。シェア1位のいすずトラックの牙城に韓国のヒュンダイが攻め込んでいた）

FOREVER 21
FURTHER REDUCTION

ユニクロ
UNIQLO
DOWNLOAD THE UNIQLO APP
HOW TO GET

MUJI 無印良品

Manufacturing Technology World
TRANSPORT & LOGISTICS
PHILIPPINES

H350

モール内でも自動車の販促スペースをよく見かけるが、16年9月も前年比16％増の3万5102台と49カ月連続でプラス成長した。日系ではトヨタと三菱自動車が同国内で高いシェアを誇る。

外食も旺盛で、ロイヤルホールディングス傘下のテンコーポレーションは天丼店「てんや」を年内に2店を新たに開くほか、17年には海外で初となるロードサイド型店舗の展開にも乗り出し、店舗数は6店になる。大阪の有名なお好み焼き「道とん堀」では、マニラの売上が日本の売上の2倍だそうで「奇跡的な売り上げで好調過ぎて怖いくらい」（稲葉社長）と言う。野菜が食べやすい、栄養価が高いといった理由が人気の背景のよう。

同国外食企業で最も有名なのは、アジア首位を目標に掲げるフィリピンのファストフード最大手、ジョリビー・フーズ。食糧大手の米カーギルと鶏肉加工工場を立ち上げ、日本の鶏卵最大手のイセ食品と大規模な養鶏場を建設するなど国際的な提携も活発だ。フライドチキン（6個で約730円）やミートソーススパゲティ（チキンとのセットで約230円）が人気で、国内外で3735店（米中に各450店）を持つまでになった。店舗数はゼンショーホールディングスや吉野家ホールディングスなど日本の外食大手と同水準に達し、株式時価総額は約5500億円で日本の各社を大きく上回る。

（ロビンソンズ・プレイスモール。メイソウはユニクロ店員曰く、脅威）

◎消費に支えられ、熱を帯びる不動産市場と拡がる格差

フィリピン不動産大手のアヤラ・ランドは、ここ数年の高い経済成長を反映し、売上高は前期比20%近い成長を遂げ、国内の不動産市場はややバブっていると感じている。東京のように億ションが結構あって、同社幹部に涼しい顔して「おひとついかがですか?」と優遇されたが、「おたくが人を選ぶ余裕のない厳しい時にもう一度声をかけてほしい」と答えたが、同国の不動産市場に私は興味津々だ。

国内の貯蓄は伸びており、同国中央銀行によると、2～3年前に2割台だった貯蓄を持つ世帯の割合は、16年7～9月期に33%と4四半期連続で3割を超えた。今後ますます資産運用のニーズは出てくるであろう。

仲良くなったフィリピン女性のSNSの日記やタイムラインを見ていると、何人ものそれに「DreamHouse」という表現で、おのおのの住んでみたい家のイメージの投稿がある。若いフィリピン女性の投稿が特にアジアの中でも多いように感じ、きれいな人口ピラミッドを持つフィリピンで、強力なマイハウス志向を持つ女性が大勢いることは不動産市場には長期的に追い風だ。

現在、私が目をつけている不動産上場大手の会社のコンドミニアム、この間行った時に特別に部屋を用意すると言ってくれた物件価格が2億弱。

こんな物件がタタキ売りに出る日を楽しみにしているのだが、不透明要素の強い大統領と国際社会の目があるからこそ、起こりうる展開。株式市場だって、十分先々の成長を織り込んだ割高なものばかり。

先に外貨が逃げ始めて、先の中国同様に成熟していない投資家もどきがうじゃうじゃいるフィリピンで一旦暴落相場が起きれば、転げ落ちるところまでいくと思っている。たまたまホーチミンの航空会社のラウンジで、とある上場企業の幹部と隣り合わせになり、今は東南アジアの拠点をマニラで動かしているというお話も貴重だったのだが、

「朝香さん。われわれも同じ考えです。BGC（今一番地価の高騰している新興地域）あたりのコンドミニアムの値段見ててくださいよ。あれはいつ崩壊してもおかしくないくらい、バブってますよ」

との意見も伺えた。経済に絶対はないが、もし同国で大暴落が起きたら、私は狂ってフィリピンを大口買いに入る。アジアの中で一番長く生産人口の右肩上がりが続き、10代で子どもを産んだ20代後半の女性が学び直して大学に通う新時代のこの国の未来を、私はその時にお得に買えることになるだろう。本当にそうなるかどうかの確証なんてないが、今はそんな未来イメー

ジを持って、楽しくマニラに頻繁に通っている。

フィリピンの証券取引所にも足を運んだ。現在約240社の上場企業のうち3社教育関係の企業上場があるが、前述した10代で子どもを産んで20代後半で大学に通い出す女性と何人も話をし、ブルーカラーのホワイトカラー思考（親に内緒で大学に通う人もいるくらいで）がますます街の発展に寄与すると感じ、教育関係の会社の未来もおもしろそうだなあと感じた。

16年までフィリピンにまったくこういった視点はなかったが、5年先10年先のギャップは、成長株の値幅を取るうえで大切な未来イメージなので、この視点は忘れないでおこうと思う。

ちなみに、フィリピンではMUJIとエルメスとグッチがほぼ隣同士のブランドで、同格ナノには驚いた。しかし、値段が高いのだろう。MUJIに人がいるのをほとんど見かけなかった。

そして、3300円のZARAの服をお買い得だと買うお嬢さんもいれば、そのお嬢さんのお父さんが所有するアパートに住む老婆と若い女性が、その家賃のうちの2000円が支払えなくて、部屋を追い出されそうになっているという、格差が本当に凄い。フィリピンだけでなく、インドでもそうだったが、超盛り上がる消費の裏側で、その経済格差を痛切に感じる旅にもなった（以下、郊外のSMモール活況写真。最下段のスーパーでは、BBQの食材を買うのに、30分以上も並んだ）

マニラ
Maynila
AH26
SM シティ・カランバ
タガイタイ
Tagaytay
サン・パブロ
Lungsod ng
San Pablo

Roasters
SUZUKI
SUZUKI

ESKINOL
Fights pimples better than soap
Golden Fiesta

☆VIP以外の主要東南アジア国の成長期待と停滞感

6～7%で伸び続けるベトナム、フィリピンを筆頭に、ASEANの活力は旺盛だ。域内人口は6億2千万人と欧州連合（EU）を上回り、中間所得層が消費で内需を支えている。10カ国合計の国内総生産（GDP）は2030年までに日本を抜き、8兆ドルに達するとの試算もある。成長力の源泉は、地元の企業群で、デジタル分野の技術革新や収益モデルの刷新に挑む企業の姿は高度成長期の日本のようにも見える。

しばしば最後のフロンティアと紹介されるアフリカ経済が資源安や二重課税などの不透明な貿易環境で曲がり角を迎えているとの指摘もあり、相対的に東南アジア域内の投資環境は整っている。

ただ、16年の成長率予想を国別に見るとインドネシア、マレーシア、タイで0・1ポイント下方修正され、シンガポールは横ばいと、東南アジアの成長鈍化を受けて欧米企業が投資に慎重になってきている動きもある。

一方、ASEAN域内企業は中長期的には消費が拡大し、インフラ整備も増えるとみている。その見立てで域内企業が域内投資の主役になってきており、15年はASEAN向け投資額で、域内企業が欧州勢を抜き首位に浮上した。ASEANの小売市場が20年に15年比1・2倍近い5883億ドルになると推計もあるので、注目をしていきたい。以下、各国の近況をさっと見ておこう。

●東南アジア最大の経済規模を持つインドネシア

まず、東南アジア最大の経済規模を持つインドネシアは、16年4～6月期の国内総生産（GDP）が前年同期比5・2％増となり、10四半期ぶりの高成長を記録。16年の通年も5％の見込み。足元の7～9月期のGDPが前年同期比で5・02％と公共工事の遅れで政府支出が振るわずやや減速。それでも、5％を切るとの市場の事前予想は上回った。

かつて貧しいアジアの代名詞だったインドネシアも、今やGDPを購買力平価ベースで見れば、英国やフランスを抜き、15年には世界第8位に達した。人口の多さも強みで、日本企業も有力投資先として熱い視線を注ぐ。世界第4位となる2億5千万の人口を抱え豊富な資源も生かして高い成長率を実現してきた。

インドネシアはジョコ大統領の政権が安定度を増している。16年初めから相次いで実施している金融緩和とインフラ投資など政府の財政出動による経済政策の効果で景気をけん引してきた。

インドネシアは石炭を中心とする資源国でもあり、中国が大気汚染対策で石炭の生産を抑制しており、石炭価格が安定していることも追い風だ。

慢性的な税収不足に悩むインドネシア政府は7月中旬、国内外で未申告だった資産を申告して資産額の2～5％を納税すれば追徴課税や刑事訴追を免除する「租税特赦」制度を始めた。9月末までに97兆ルピア（約7800億円）の追加税収があった。ジョコ政権はこの制度による税収増も追い風にして、インフラ開発を急ぐ考えだ。

実際に、交通渋滞はとてもひどく、都市交通網の整備が追いついておらず、インフラ整備は急務だ。そんな背景もあり、ジャカルタ州政府は中心部に自動料金収受システム（ETC）を整備する入札手続きに入った。道路にセンサーを付け、通過した車に数百円程度を課金する。事業費は3兆ルピア（約230億円）程度。欧州のIT企業など十数社が関心を示しているという。

現状、ジャカルタで働く人は郊外からの通勤者も含め約600万人。それに対して、中心部と郊外を結ぶバスなど公共交通機関の輸送能力は計100万人程度と大きく不足している。多くの人が自家用車や二輪車を使い、朝夕のラッシュ時は2～3キロメートルの移動に1時間かかる渋滞が慢性化しているのだ。アジア開発銀行（ADB）によると、渋滞による経済損失はアジア新興国のGDPの2～5％という。ジャカルタ州政府は8月末、ナンバープレートが偶数か奇数かで走行を規制する制度を実施。さらに新システムの導入で本格的な渋滞解消をめざしている。

東南アジア最大の人口国だけに、インフラの整備で消費市場はさらに大化けしていくだろう。
（インドネシアの丸亀製麺は15時の閑散時間にほぼ満席で混んでいた）

●ジャカルタで親日感＆活況あふれる日本にちなんだお祭りに遭遇し、参加してきました！

●プミポン国王死去の影響残るタイ

次は、タイ。

タイに進出している日本企業は4788社で、タイは人件費の上昇といったマイナス要因を抱えているものの、自動車産業を中心に日本企業の産業集積が厚い。

タイは東南アジアの新興国でいち早く高齢化時代に入る。15歳以上65歳未満の生産人口は16年がピークで、総人口も24年から減少に転じる。タイ国家経済社会開発委員会（NESDB）がまとめた2016年7－9月期のタイの実質GDPは、前年同期比3・2％増で、4－6月期の3・5％からやや減速した。さらに、プミポン前国王の死去による自粛ムードもあり、経済減速が加速している。実際に、タイの10月の新車販売台数は前年同月比11％減の6万634台だった。3カ月ぶりのマイナスで、やはりプミポン国王死去による消費の自粛ムードによる影響は大きい。

タイが大幅な減少となったことで、東南アジア主要6カ国の販売台数も前年同月比0・3％減の27万1094台となり、7カ月ぶりのマイナスに転じた。

タイは8カ月ぶりの2ケタ減。バンコクのトヨタ自動車の販売店では10月13日の国王死去で減った客足が戻らず、成約数が10～15％落ち込んでいる状況が変わっていないという。

年末にかけてカウントダウンなどの大型イベントの自粛が続き、自動車を含む幅広い消費に影響しそうだ。百貨店などでは「消費が戻るのは死去後１００日を超える17年1月末以降」との声がある。

さらに、後継のワチラロンコン皇太子がプミポン国王のような影響力を持てるかどうかが今のところ不透明の様相。タイは事実上の海外亡命生活を送るタクシン元首相を支持する勢力と、反タクシン派の激しい対立が続き、現在は反タクシン派の軍事政権が実権を握っているものの、王位継承をきっかけに政治がさらに混乱する可能性を指摘する声もある。

タイに関しては、目先の見通しがやや厳しいかもしれないが、日本とタイの結びつきは強く、日本に大勢観光に来てくれるタイを盛り立てていきたいところだ。

ちょうど、バンコクを訪問した際に、「Ｖｉｓｉｔ　ＪＡＰＡＮのフェア」をセントラルプラザ・グランドラマ９で行っていた。

１時間、単純にウォッチングをしていて、「日本航空よりエア・アジアのブースに約10倍の人が入ったなあ」と観察した。

売上は「単価×数量」

このブースの人だかりの差が3倍程度なら、単価としていい勝負だと思うが、10倍となると、今後はエア・アジアがますます優勢になるのかなあ、と感じた。意外と小学生でもわかる簡単な点で、今後の優劣がわかったりすることもある。

もし、東京でお子さんとキッザニアの大和証券のブースに行かれる機会があった方はおわかりになると思うが、そのようなチェックポイントが渡されたシートに書かれているはずだ。今後の売上が伸びそうな会社を見つけるのは、小学生の観察力で結構いけるものだ(以下、フェアの写真)

HIS
ANA
14,500
HOSHI

JASPAL

●域内市場規模3位マレーシア

続く域内市場規模3位のマレーシアは、16年7－9月期のGDPが前年同期比4・3％増となった。個人消費拡大で6期ぶりに成長が加速した格好だ。ここのところ、景気低迷が指摘され、新車販売台数も14％減の4万7879台となり、近況は10カ月連続のマイナスとなっていただけに、この消費堅調なGDPは吉報であった。

それでも、直近の通貨安による目先の減速懸念の再燃は気になるところだ。日本は円が安くなると株価は上がるが、東南アジア各国では通貨下落は株価の下落につながりやすい点には注意が必要だ。

これまで、歴史的な低金利で借り入れコストが下がっているため、すでに一部の国では家計支出が大きく身の丈を超えているという不安材料もある。中間層の過剰消費が懸念される国としてフィナンシャルタイムズは韓国、タイ、マレーシアをあげている。トランプ氏の大統領選挙の勝利で下落しているマレーシア・リンギなどは、今後の新興国の波乱要因として大いにあげられる。これはマレーシアに限ったことでなく、この数年間、アジア経済への影響力が大きい米国で利上げがたびたび先送りになり、域外からの資金が還流したことが域内新興国の原動力になってきたため、注目しておいて損はないだろう。

もっとも、個人的にはタイもそうだがマレーシアも日本人にとってはとても気質的に住み心地が良く、不景気や逆行時にこそ投資チャンスが訪れると考えている。私は日本のデフレ下の投資を経験してきたので、消費の実需さえ活気があれば、逆境下でみなの興味が薄れている時こそ、その市場がいずれ「黄金」になることをよく知っている。マレーシアにしても、タイにしても気質があって好きな国だからこそ、好機を伺っていきたいと思う。

●ASEANの先進国シンガポール

最後にASEANの先進国にして、私が大好きなシンガポール。シンガポール通産省は2017年の経済成長率が1～3％になるとの見通しを発表した。同時に発表したシンガポールの7～9月の実質GDP確報値は、前年同期比1・1％増と、10月に発表した速報値（0・6％増）を上方修正したものの、4～6月期の同2％成長からは減速した。年内は「金融業などに厳しい状況が続く」と見て、今年通年の成長率見通しを1～1・5％と、従来の1～2％から上限を引き下げた。

リグ製造などの不振を背景に足元の景気は減速が鮮明のようだが、シンガポールは富裕層の流入があるだけに、自動車の新興市場であるフィリピンやベトナムと並んで、私が訪問した16年夏は2桁成長（8月の新車販売）の活況を呈していた。足元で上昇機運のある原油価格が一段と上がってくれれば、17年の経済成長も期待したいところである。

☆近場の親日先進市場「台湾」・「香港」も忘れるな

近くてもっとも親密で親日の台湾。その台湾に、親中派でない8年ぶりの新政権である民進党の蔡英文総統政権が誕生した。だが、OECD会議で中国から締め出されるなど、中国の締め付けは厳しいようだ。

もっとも実業界には、「中国では供給過剰が慢性化しており、中国依存を大幅に引き下げ、インド、東南アジア、中東、アフリカでの市場開拓に積極的に取り組む」（台湾塑膠工業＝台湾プラスチックの林健男董事長）といった声が散見され、今こそわれらが日本はより親密な産業連携を組むべき時が到来していると考えている。

経済面では、台湾の行政院が発表した16年7〜9月期のGDP速報値は、前年同期比2・0％増だった。6四半期ぶりに成長率が2％を上回り、回復の足取りが確かになってきた。スマホ需要を取り込む半導体産業をはじめ、主力のIT関連の輸出が復調。民間消費も底堅かった。台湾は16年1〜3月期まで3四半期連続でマイナス成長に沈んだが、回復傾向が確かになってきた。16年は1％超のプラス成長を確保できるとの見方が強まっている。

8月中旬、くら寿司のある台北中心部に15時という中途半端な時間に足を運んでみた。この時間はランチの時間ではなく、そういった15時だとか夜の繁盛記の終わった21時などに混み合うお店は、「本当の人気店＝売上の筋肉質な外食大化け株」となる可能性が高い。くら寿司を運営するくらコーポレーションに関しては、まだ台湾と米国に数店舗の展開に留まり、彼らの伸びしろは大きいと感じている。

次ページの写真は、台湾くら寿司の店舗と順番待ちする人の写真。

この列の『のび』株主として見ると、ほんとに気持ちいいんですよ。

人が集まれば売上が伸びて成長が加速し、

利益を伴い始めれば、

長期的には必ず株価は上がる。

こんな簡単かつ成果を待てる投資が他にあるだろうか?

いや、ないだろうな。

くら寿司
KURA SUSHI

日本の味
ここにあり。
333
1058

最後の香港では、9月5日に開票が終わった香港立法会（議会）選挙で、民主派陣営の世代交代が鮮明になった。「雨傘運動」で挫折を味わった中国への帰属意識が薄い「本土派」と呼ばれる急進的な若者が台頭する一方、穏健派のベテラン議員は相次ぎ落選。政府提出法案への拒否権は確保した。定数70のうち、親中国派は40議席と前回より3議席減らす一方、民主派と本土派は合計で30議席と3分の1超を獲得し、香港政府が提出する重要法案を否決できる権利を維持した。選挙制度改革など議会の承認が必要な案件で中国政府の方針を一方的に押しつけるのは引き続き難しくなった。

反親中派は、法の支配や言論の自由、広東語など香港が培ってきた文化を守り、中国との一体化は避けるべきだというのが共通する主張だ。20～30歳代の若者の多くは自らのアイデンティティを「香港人」ととらえており、共産党一党支配が続く中国で生まれ育った人々と一線を画そうとする傾向が強い。

日本は今こそ彼らのような民主化を守る若者が増えた香港での経済活動を強化してもいいのではないだろうか。マクロ経済指標も、香港7～9月期GDPは前年同期比1・9%増と、4～6月期の同1・7%増を上回った。中国本土や台湾向け輸出の回復が続き、個人消費など内需も堅調だった模様で、16年通期は1・5%の成長を見込んでおり、忘れてならない親日市場として大切にしたい。

☆ユニクロ、ユニ・チャームの黄信号はどうなる？

前著にて両社を黄信号としてご紹介した続編。ユニクロに関しては、国内は価格を引き下げ、エルメス出身のデザイナーを入れたことで、夏秋に東京で都心のママさんが来ているのも見られて回復基調。海外に関しては、中国以外のどのお店も「そこそこ」入っており、モールの若者累計100名以上にヒアリングをした結果、H&Mやフォーエバー21よりも好きな人は一人もいなかった。それはショックだったが、実用的なライフウェアとして、何かに合わせる1点ものとしての支持はあったので、今後ももう少しは成長の伸びしろがあると見て、客観銘柄100に残した。

一方、決算書から突然アジアシェアの抜けたユニ・チャームは、銘柄100から外した。香港の大手スーパーの棚になく、バンコクや上海やシンガポールでは花王のメリーズやP&Gのパンパースのほうがブランド力を持っており、ジャカルタでもその傾向が出てきている。ユニ・チャームは現地化でひと時代を築いたが、逆にそれが安価なブランドイメージになってしまい、購買層の所得増加とリッチ志向という新トレンドに完全に乗り遅れた。決算書の小さな異変は、現場では大きな変化となっていたのである。

●15年度ユニチャーム決算資料での違和感は、現場で競争劣化への確信に変わった

※(左)ジャカルタのスーパー、(右上)バンコクのモール、(右下)シンガポールのスーパー

これは前著にも書いたことだが、
あの優良株だったユニ・チャームの決算資料から、
突如アジアの「国別シェア率」が消えたことに違和感を感じて、
15年GW明けに早速主だったアジアの売り場を視察して、
ひとまず撤退の即断を下した。

いずれの店舗でも、店員さんによれば、
花王のメリーズやP＆Gのパンパースが人気だということだった。
企業決算の未来を知るのに、社長インタビューも大事だが、
このように現場を回ることで、「真実」が見えてくることも少なくない

☆トランプ次期大統領・金利高・為替安でアジア新興国経済は減速か

どうやら、今後は先進国株高、新興国株安となりそうだ。それは読者の皆様もご存じのとおり、トランプ次期大統領の財政政策と堅調な米国経済により、新興国の為替安。金利高から新興国の株や金融資産は軟調な展開が予想される。

しかし、われわれが狙うのは長期投資で伸びる日本企業。97年のアジア通貨危機時にバンコクでの投資の手を緩めなかったトヨタがその後着実に東南アジアで躍進したように、もし新興国株の暴落があれば、むしろそこで攻めを続けた日本企業を漏らさずにマークしておきたい。

世の中、ブレグジットのＥＵ残留やら、クリントン氏の当選予想確実説など、将来のことは当たらないものだが、過去のマクロ経済分析で人口と生産年齢から見た有望市場は早かれ遅かれ経済成長を遂げている。ゆえに、新興国に逆風が吹けば吹くほど、その市場で本当に強い成長企業を見極める機会にすることができる。次の章で紹介する１００社の中から、インド＋親日市場をテコに成長し、10倍となる会社はどれか。ぜひ、読者のみなさまもお考えいただきたい。

第2章

インド＋親日アジアで伸びる日本株100

この第2章では、全上場企業の中から「インド＋親日アジア」の目線に沿う事業を展開・今後の展開に期待している100社をピックアップして紹介している。

さらに、この100社をファンダメンタル（成長指標・財務指標・株主・四季報コメント）、モメンタム（月足・週足・日足チャート、競合・日経平均との株価位置比較、時価総額）の両面から定量的に各銘柄に得点をつけてランキングした。

このランキングは客観的評価の100点満点で、第3章ではこの部分を70点に再計算し、残りの30点を自分目線で採点することをおすすめしている。そうすることで、このランキング結果による上位銘柄は読者それぞれに違いが出ることだろう。

個人投資家にとって、思い込みは危険なので、まず客観的な評価でランキングをつけて銘柄を定量的に判断する。その上で、その中から自分目線で成長性の面でビビビッとくる銘柄を探してみてほしい。

なお、客観的評価でスコアの低い銘柄に関しては、業績の向上あるいはチャート状態の好転を待ったうえで投資をする監視銘柄としてマークしておいてほしい。また、70点以上の銘柄に関しては個別に取り上げて紹介している。その後に、ランキングの仕組みに対して補足をつけたので、ご参照願いたい。

☆「インド＋親日アジア」で伸びる日本株１００ランキング（１次選考）

順位	コード	銘柄	業態・特色	属性	業種	規模	総合得点（客観）
1	3053	ペッパーフードサービス	ステーキのファーストフード店	急	卸売業	中小	98
2	5903	シンポ	無煙ロースター専業メーカー	高	金属製品	小	94
3	6058	ベクトル	ネット媒体得意PR会社	急	サービス業	中	87
4	2427	アウトソーシング	工場製造ライン人材派遣・請負	急	サービス業	中	86
5	8850	スターツコーポレーション	賃貸住宅建設/仲介・管理	安	不動産業	大	85
6	3397	トリドール	『丸亀製麺』	高	小売業	大	84
7	2798	ワイズテーブルコーポレーション	高級レストラン・伊料理	安	小売業	小	84
8	4343	イオンファンタジー	大型SC内遊戯施設	安	サービス業	中	82
9	3068	WDI	ダイニングレストラン	高	小売業	小	80
10	6482	ユーシン精機	取り出しロボット世界3割/首位	高	機械	中	80
11	7906	ヨネックス	バドミントンとテニス、ゴルフが3本柱	高	その他製品	大	80
12	6594	日本電産	精密小型モーター	高	電気機器	巨大	79
13	9384	内外トランスライン	独立系国際海上輸出混載首位	高	倉庫・運輸関連行	中小	78
14	8117	中央自動車工業	自社企画の自動車用品販売	安	卸売業	中小	78
15	6191	エボラブルアジア	航空券の予約サイト『空旅』主力	急	サービス業	中	78
16	9843	ニトリホールディングス	ホームセンター『ニトリ』	高	小売業	巨大	78
17	9449	GMOインターネット	中小企業向けネットサービス/広告	急	情報・通信業	大	78
18	6045	レントラックス	ネット成果報酬型サービス	急	サービス業	小	77
19	9612	ラックランド	食品、飲食等の店舗企画、設計、施工	高	サービス業	中小	77
20	1960	サンテック	独立系電気工事の大手	高	建設業	中小	76
21	6272	レオン自動機	包あん成形機や製パン機が主力	高	機械	中	76
22	6030	アドベンチャー	航空券の比較予約サイト	急	サービス業	中小	76
23	2124	JACリクルートメント	人材紹介業の準大手	急	サービス業	中	75

24	3031	ラクーン	ECサイト『スーパーデリバリー』運営	安	卸売業	小	74
25	6064	アクトコール	賃貸住宅入居者向けサービス提供	急	サービス業	小	74
26	5332	TOTO	衛生陶器シェア6割	安	ガラス・土石製品	巨大	74
27	7781	平山	製造業の構内請負、派遣、人材紹介	高	精密機器	極小	73
28	2695	くらコーポレーション	回転ずし店『くら寿司』	高	小売業	大	72
29	6465	ホシザキ電機	業務用厨房機器大手	高	機械	巨大	72
30	6755	富士通ゼネラル	富士通系。エアコン主力	高	電気機器	大	70
31	3762	テクノマトリクス	情報インフラ構築とアプリ開発	安	情報・通信業	中	70
32	7550	ゼンショー	牛丼首位『すき家』が柱	安	小売業	大	70
33	6367	ダイキン工業	エアコン世界首位	高	機械	巨大	69
34	6448	ブラザー工業	デジタル複合機が主柱	高	電気機器	巨大	69
35	3905	データセクション	ビッグデータ処理・解析	急	情報・通信業	小	69
36	6861	キーエンス	検出・計測制御機器大手	高	電気機器	巨大	69
37	6182	ロゼッタ	自動翻訳サービス・ソフトを提供	急	サービス業	中小	69
38	4919	ミルボン	美容室向けヘア化粧品専業トップ	安	化学	中	68
39	6957	芝浦電子	温度センサー部品最大手	安	電気機器	中小	68
40	2181	テンプホールディングス	人材業界2位	急	サービス業	大	67
41	8876	リログループ	企業福利厚生総合アウトソーサー	高	サービス業	大	67
42	9983	ファーストリテイリング	『ユニクロ』を世界展開	高	小売業	巨大	67
43	4714	リソー教育	個別指導受験塾『TOMAS』運営	安	サービス業	中	67
44	7956	ピジョン	育児用品で国内トップ	高	その他製品	大	66
45	6096	レアジョブ	オンライン英会話最大手	急	サービス業	小	65
46	4922	コーセー	化粧品大手	安	化学	巨大	65
47	3542	ベガコーポレーション	20～30歳女性中心のネット通販	急	通信・情報業	中小	64
48	7226	極東開発工業	特装車の総合大手	高	輸送用機器	中	59
49	6923	スタンレー電気	自動車ランプで御三家の一角	高	電気機器	巨大	59
50	4917	マンダム	ギャツビーなど男性化粧品	安	化学	大	59

順位	コード	銘柄	業態・特色	属性	業種	規模	総合得点（客観）
51	2174	GCA（旧GCAサヴィアン）	M＆A助言	安	サービス業	中	58
52	6268	ナブテスコ	産業ロボット用精密減速機	高	機械	大	58
53	7453	良品計画	『無印良品』衣料雑貨食品の卸・小売	高	小売業	巨大	57
54	9950	ハチバン	FC主体『8番らーめん』展開。タイ等	安	小売業	小	56
55	9613	NTTデータ	NTT傘下のSI専業最大手	安	情報・通信業	巨大	56
56	6103	オークマ	マシニングセンタ（MC）等トップ級	高	機械	大	55
57	2413	エムスリー	医療従事者向け情報サイト運営	急	サービス業	巨大	55
58	6481	THK	直動案内機器で世界シェア5割超	安	機械	大	55
59	2489	アドウェイズ	ネットアフィリエイト広告国内首位	急	サービス業	中	53
60	8086	ニプロ	ディスポーザブル医療器具大手	高	精密機器	大	52
61	6516	山洋電機	工作機械など設備向けサーボモーター	安	電気機器	中	51
62	3937	AWSホールディングス	オフショアシステム開発・医療関連ソフト	急	情報・通信業	小	50
63	6506	安川電機	独自制御技術で幾種分野世界首位	安	電気機器	大	50
64	9984	ソフトバンクグループ	日米で携帯事業、ネットへ展開	急	情報・通信業	巨大	49
65	9828	元気寿司	すし業態『魚べい』が主柱	安	小売業	中小	49
66	7976	三菱鉛筆	筆記具の代表メーカー	安	その他製品	大	48
67	6645	オムロン	感知・制御技術が基盤	安	電気機器	巨大	48
68	9202	全日空	国内線、国際線ともに首位	安	空運業	巨大	48
69	6503	三菱電機	総合電機大手	安	電気機器	巨大	48
70	2220	亀田製菓	せんべいなど米菓首位	安	食品業	大	47
71	7701	島津製作所	分析・計測機器大手	安	精密機器	大	46
72	6762	TDK	収益柱はHDD用磁気ヘッド	安	機械	巨大	46
73	6005	三浦工業	産業小型ボイラーで国内5割超占有	安	機械	大	46
74	4613	関西ペイント	日ぺと並ぶ国内総合塗料首位級	安	化学	巨大	46

75	4452	花王	トイレタリー国内首位・化粧品大手	安	化学	巨大	45
76	4902	コニカミノルタ	液晶TACフィルム世界シェア3割	安	電気機器	大	45
77	3328	BEENOS	越境eコマース事業	急	小売業	中小	44
78	6954	ファナック	工作機械用NC装置世界首位	安	電気機器	巨大	44
79	4912	ライオン	歯磨き国内首位級、トイレタリー3位	安	化学	巨大	44
80	7936	アシックス	『オニツカタイガー』ブランドも	高	その他製品	大	43
81	6806	ヒロセ電機	コネクター大手	安	電気機器	巨大	42
82	6996	ニチコン	各種コンデンサー総合経営で世界有数	安	電気機器	中	41
83	2459	アウンコンサルティング	検索連動型広告、SEOコンサル	安	サービス業	極小	41
84	6925	ウシオ電機	産業用ランプで世界首位	安	電気機器	大	40
85	2371	カカクコム	価格比較サイト『価格．com』運営	急	サービス業	大	39
86	5802	住友電気工業	電線首位	安	非鉄金属	巨大	39
87	8233	高島屋	全国展開する老舗百貨店	安	卸売業	大	39
88	6134	富士機械製造	電子部品向けなど自動装着装置トップ	安	機械	大	38
89	2206	江崎グリコ	スナック等の菓子メーカー大手	安	食品業	大	35
90	7740	タムロン	一眼レフ用交換レンズで世界的	安	精密機器	中	33
91	4527	ロート製薬	一般用医薬品の目薬で世界首位	安	医薬品	大	30
92	6963	ローム	カスタムLSI首位	安	電気機器	巨大	29
93	7224	新明和工業	ダンプ等の特装車首位	高	輸送用機器	中	28
94	2267	ヤクルト本社	乳酸生菌飲料(ヤクルトなど)主力	安	食品業	巨大	26
95	6981	村田製作所	世界トップのセラミックコンデンサーが主柱	安	電気機器	巨大	24
96	3938	LINE	スマホ向けアプリやゲームなど主力	急	通信・情報業	巨大	24
97	6997	日本ケミコン	アルミ電解コンデンサーで首位	安	電気機器	中	22
98	2802	味の素	調味料国内最大手	安	食品業	巨大	20
99	6501	日立製作所	総合電機・重電首位で事業広範囲	安	電気機器	巨大	13
100	6752	パナソニック	AV機器、白モノ家電が主力	安	電気機器	巨大	5

順位	コード	銘柄	総合得点（客観）	ファンダメンタル得点			モメンタム得点						割安度の内訳			
				割安度	大株主	四季報	月足	週足	日足	整合	日経平均	時価総額	総合割安度	予想PSR	成長割安度	財務割安度
1	3053	ペッパーフードサービス	98	35	15	5	10	8	6	10	5	4	0.49	0.49	0.11	2.00
2	5903	シンポ	94	35	10	5	10	8	6	10	5	5	0.76	0.80	0.77	0.72
3	6058	ベクトル	87	25	15	5	10	8	6	10	5	3	2.47	4.14	1.73	3.73
4	2427	アウトソーシング	86	30	15	5	10	8	0	10	5	3	1.38	0.52	0.08	7.47
5	8850	スターツコーポレーション	85	30	10	5	10	8	6	10	5	1	1.04	0.58	1.05	1.48
6	3397	トリドール	84	30	15	5	10	8	0	10	5	1	1.35	1.00	1.27	2.00
7	2798	ワイズテーブルコーポレーション	84	20	15	5	10	8	6	10	5	5	3.21	0.44	3.96	2.99
8	4343	イオンファンタジー	82	35	0	5	10	8	6	10	5	3	0.93	0.91	0.63	2.17
9	3068	WDI	80	35	10	5	10	4	6	0	5	5	0.92	0.28	0.97	1.33
10	6482	ユーシン精機	80	25	15	5	10	8	6	3	5	3	2.76	2.27	3.13	1.77
11	7906	ヨネックス	80	25	10	5	10	8	6	10	5	1	2.78	1.83	2.62	4.38
12	6594	日本電産	79	20	15	5	10	8	6	10	5	0	3.15	2.57	3.09	3.95
13	9384	内外トランスライン	78	30	15	−5	10	8	6	10	0	4	1.64	0.53	2.06	1.09
14	8117	中央自動車工業	78	30	0	5	10	8	6	10	5	4	1.85	0.94	2.37	0.69
15	6191	エボラブルアジア	78	30	10	5	5	4	6	10	5	3	1.96	4.00	0.75	4.79
16	9843	ニトリホールディングス	78	25	15	5	10	8	0	10	5	0	2.40	2.65	2.25	2.73
17	9449	GMOインターネット	78	25	15	5	10	8	6	3	5	1	2.83	1.23	1.79	8.56
18	6045	レントラックス	77	35	15	5	5	4	0	3	5	5	0.57	0.70	0.28	1.60
19	9612	ラックランド	77	25	4	5	10	8	6	10	5	4	2.60	0.46	1.37	9.62
20	1960	サンテック	76	30	10	0	10	8	6	3	5	4	1.26	0.25	1.54	1.12
21	6272	レオン自動機	76	25	4	5	10	8	6	10	5	3	2.12	0.97	2.64	1.19
22	6030	アドベンチャー	76	25	15	5	5	8	6	3	5	4	2.55	4.26	1.40	5.42
23	2124	JACリクルートメント	75	25	10	5	10	8	6	3	5	3	2.50	4.29	2.19	1.91

24	3031	ラクーン	74	20	15	5	10	4	0	10	5	5	3.62	3.56	3.92	2.52
25	6064	アクトコール	74	20	15	−5	10	8	6	10	5	5	3.69	1.53	2.30	11.40
26	5332	TOTO	74	20	0	15	10	8	6	10	5	0	4.17	1.50	5.23	2.60
27	7781	平山	73	35	15	5	5	4	3	0	0	6	0.84	0.13	1.05	0.67
28	2695	くらコーポレーション	72	30	10	5	10	4	0	7	5	1	1.28	0.92	1.20	1.94
29	6465	ホシザキ電機	72	20	15	5	10	8	6	3	5	0	3.69	2.53	4.30	2.38
30	6755	富士通ゼネラル	70	30	0	0	10	8	6	10	5	1	1.66	0.89	1.89	1.51
31	3762	テクノマトリックス	70	25	4	5	10	8	0	10	5	3	2.48	1.04	2.74	2.86
32	7550	ゼンショー	70	10	15	5	10	8	6	10	5	1	18.51	0.54	24.48	12.59
33	6367	ダイキン工業	69	25	0	5	10	8	6	10	5	0	2.42	1.51	2.53	2.89
34	6448	ブラザー工業	69	25	0	5	10	8	6	10	5	0	2.66	0.89	3.28	1.97
35	3905	データセクション	69	20	15	5	5	4	0	10	5	5	3.72	10.28	1.61	5.61
36	6861	キーエンス	69	15	10	5	10	8	6	10	5	0	5.95	11.43	5.37	2.78
37	6182	ロゼッタ	69	15	15	5	5	4	6	10	5	4	6.39	9.01	5.18	8.63
38	4919	ミルボン	68	25	10	5	10	0	0	10	5	3	2.21	2.75	2.05	2.33
39	6957	芝浦電子	68	20	0	5	10	8	6	10	5	4	3.93	0.73	5.49	0.87
40	2181	テンプホールディングス	67	35	0	5	10	4	0	7	5	1	0.82	0.67	0.48	2.35
41	8876	リログループ	67	30	10	5	10	8	0	3	0	1	1.94	1.15	1.45	4.69
42	9983	ファーストリテイリング	67	20	15	5	10	8	6	3	0	0	3.13	2.21	3.30	3.35
43	4714	リソー教育	67	10	10	5	10	8	6	10	5	3	14.62	1.41	20.53	4.21
44	7956	ピジョン	66	20	10	5	10	4	6	10	0	1	3.18	3.49	3.10	3.21
45	6096	レアジョブ	65	30	10	5	5	4	6	0	0	5	1.36	1.37	0.96	2.94
46	4922	コーセー	65	30	15	5	10	0	0	0	5	0	1.95	2.04	1.87	2.17
47	3542	ベガコーポレーション	64	25	15	5	0	0	0	10	5	4	2.43	1.67	2.28	3.80
48	7226	極東開発工業	59	30	4	−5	10	8	6	3	0	3	1.92	0.56	2.45	1.18
49	6923	スタンレー電気	59	25	0	5	10	8	6	0	5	0	2.12	1.43	2.47	1.42
50	4917	マンダム	59	20	15	5	10	0	0	3	5	1	3.96	1.49	5.16	1.61

順位	コード	銘柄	総合得点(客観)	ファンダメンタル得点			モメンタム得点						割安度の内訳			
				割安度	大株主	四季報	月足	週足	日足	整合	日経平均	時価総額	総合割安度	予想PSR	成長割安度	財務割安度
51	2174	GCA	58	30	15	0	0	4	6	0	0	3	1.13	2.01	1.04	0.64
52	6268	ナブテスコ	58	20	0	5	10	8	6	3	5	1	3.35	1.55	3.98	2.61
53	7453	良品計画	57	30	0	5	10	4	0	3	5	0	1.19	1.76	0.70	2.57
54	9950	ハチバン	56	15	4	0	10	8	6	3	5	5	5.11	1.35	6.66	2.66
55	9613	NTTデータ	56	15	4	5	10	4	6	7	5	0	5.23	0.93	7.08	2.11
56	6103	オークマ	55	25	0	−5	10	8	6	10	0	1	2.38	1.00	3.08	0.92
57	2413	エムスリー	55	10	15	5	10	0	0	10	5	0	10.02	13.33	9.83	7.46
58	6481	THK	55	5	15	0	10	8	6	10	0	1	39.39	1.28	58.31	1.79
59	2489	アドウェイズ	53	35	15	0	0	0	0	0	0	3	0.64	0.47	0.42	1.69
60	8086	ニプロ	52	20	4	5	10	4	0	3	5	1	3.58	0.55	2.74	9.99
61	6516	山洋電機	51	20	4	0	10	8	6	0	0	3	4.64	0.59	6.57	0.98
62	3937	AWSホールディングス	50	25	15	5	0	0	0	0	0	5	2.42	2.48	1.43	6.34
63	6506	安川電機	50	15	0	−5	10	8	6	10	5	1	7.09	1.17	9.72	2.49
64	9984	ソフトバンクグループ	49	0	15	5	10	8	6	0	5	0	−0.37	0.92	−3.02	8.92
65	9828	元気寿司	49	25	10	0	10	0	0	0	0	4	2.50	0.53	3.02	2.41
66	7976	三菱鉛筆	48	20	0	−5	10	8	6	3	5	1	3.61	2.74	4.30	1.70
67	6645	オムロン	48	20	4	0	10	8	6	0	0	0	3.93	1.13	5.25	1.50
68	9202	全日空	48	15	0	5	10	0	6	7	5	0	5.39	0.59	7.19	3.00
69	6503	三菱電機	48	10	4	−5	10	8	6	10	5	0	10.27	0.78	14.81	1.63
70	2220	亀田製菓	47	15	0	5	10	8	0	3	5	1	5.14	1.11	6.68	3.02
71	7701	島津製作所	46	15	0	5	10	4	6	0	5	1	5.24	1.37	6.98	2.14
72	6762	TDK	46	15	0	0	10	8	6	7	0	0	5.95	0.81	8.30	1.68
73	6005	三浦工業	46	15	0	5	10	0	0	10	5	1	6.34	2.00	8.52	1.99

74	4613	関西ペイント	46	15	0	5	10	8	0	3	5	0	6.67	1.78	8.98	2.31
75	4452	花王	45	30	0	5	10	0	0	0	0	0	1.83	1.72	1.78	2.11
76	4902	コニカミノルタ	45	20	0	5	5	8	6	0	0	1	4.59	0.47	6.46	1.24
77	3328	BEENOS	44	25	0	5	10	0	0	0	0	4	2.01	0.85	2.42	1.55
78	6954	ファナック	44	20	0	0	10	8	6	0	0	0	3.78	7.92	3.13	2.26
79	4912	ライオン	44	0	0	5	10	8	6	10	5	0	1,128.46	1.47	1,891.39	3.71
80	7936	アシックス	43	20	0	−5	10	8	6	3	0	1	3.39	1.14	3.87	3.69
81	6806	ヒロセ電機	42	20	0	−5	10	8	6	3	0	0	3.49	4.70	3.74	1.27
82	6996	ニチコン	41	0	4	−5	10	8	6	10	5	3	476.22	0.62	713.94	0.92
83	2459	アウンコンサルティング	41	0	15	5	10	0	0	0	5	6	28439.29	1.18	42657.64	3.99
84	6925	ウシオ電機	40	0	15	0	10	8	6	0	0	1	215.28	1.11	322.29	1.45
85	2371	カカクコム	39	15	0	5	10	0	0	3	5	1	6.25	8.31	6.60	2.82
86	5802	住友電気工業	39	10	0	5	10	8	6	0	0	0	13.78	0.43	20.25	1.21
87	8233	高島屋	39	0	4	0	10	8	6	10	0	1	1,073.96	0.35	1,607.46	13.60
88	6134	富士機械製造	38	10	0	−5	10	8	6	3	5	1	26.15	1.40	38.66	0.86
89	2206	江崎グリコ	35	10	4	5	10	0	0	0	5	1	11.75	0.98	16.89	1.93
90	7740	タムロン	33	10	4	−5	0	8	6	7	0	3	10.80	0.70	15.82	0.81
91	4527	ロート製薬	30	15	4	−5	10	0	0	0	5	1	6.22	1.29	8.57	1.76
92	6963	ローム	29	0	10	−5	10	8	6	0	0	0	163.79	2.07	244.90	1.04
93	7224	新明和工業	28	30	0	−5	0	0	0	0	0	3	1.82	0.49	2.34	1.05
94	2267	ヤクルト本社	26	15	0	0	5	0	6	0	0	0	5.60	2.38	7.18	2.48
95	6981	村田製作所	24	0	0	0	10	8	6	0	0	0	−2.62	2.81	−5.05	1.63
96	3938	LINE	24	15	4	5	0	0	0	0	0	0	3.66	6.23	2.86	4.26
97	6997	日本ケミコン	22	0	0	5	0	8	6	0	0	3	2,602.01	0.27	3,902.92	0.12
98	2802	味の素	20	10	0	0	10	0	0	0	0	0	20.11	1.07	29.35	2.20
99	6501	日立製作所	13	0	4	−5	0	8	6	0	0	0	202.04	0.31	300.40	10.36
100	6752	パナソニック	5	0	4	−5	0	0	6	0	0	0	−143.20	0.35	−215.28	1.61

☆ランキング上位32銘柄解説と各スコアの見方

●コード　各企業に割り振られた銘柄を特定する番号
●銘柄　上場している企業の名称
●業態特色　会社四季報を参考に、各社の主事業や特色を記載
●属性　成長ペースで急・高・安定成長と分類。急成長企業は売上の伸び、高成長企業は利益の伸び、安定成長企業は利益率などを重視して、のちの割安判断を実施している
●業種　33業種分類にて表記
●時価総額　独自に極小＝～30億円、小＝30億～100億円、中小＝100～200億円、中＝200億～1000億円、大＝1000億円～5000億円、巨大＝5000億円～と定義している。なお、時価総額は16年11月12日時点のもの。

◎ファンダメンタル得点の内訳

客観的な定量評価の中で、ファンダメンタルの満点を55点とし、割安度が35点、大株主を15点、四季報コメントを5点と配分した。

『割安度』

●予想PSR　時価総額÷予想売上で2・5倍以下であれば割高ではないと判断

●成長割安度　成長割安度はVGSレシオという独自指標から導き出している。これは、ValueGrowthStock（割安成長株）の略で、戦後のソニー、ホンダ、任天堂、バブル後のニトリ、ヤマダ電機、ユニ・チャーム、参天製薬、日本電産、キーエンス、ファーストリテイリング、MonotaRO、瑞光などの成長性を検証し、開発した朝香独自の指標。1倍以下は激安、2・5倍以下は中立、5倍以下は割高でない。（計算方法は非公開）

●財務割安性　貸借対照表の各財務、経常利益と営業キャッシュフローを加味して財産価値と事業価値から割安性を判断。1倍以下は激安、2・5倍以下は中立、5倍以下は割高でない。（計算方法は非公開）

なお、簡単に財務だけの割安性を判断するのに、EV／EBITDA倍率というものを使ってもいいだろう。証券会社のサイトで簡単にわかる。実際のM&Aの際には最初にこの数値の絶対値と業界他社の競合値を見比べるので、ご参考まで。

（EV（企業価値）＝株式時価総額＋純有利子負債（負債総額－保有現預金）

EBITDA＝営業利益＋減価償却費）

一般的にEV／EBITDA倍率の市場平均は7〜10倍。バリュー分析だけで買うと「安物買いの銭失い」になることがあるので、自分目線の成長性分析を行おう。なお、テンバガーとなった瑞光を見つけた際、成長割安度が80を超えて割高だったが、財務の指標が0・4と激安で、自分目線での成長性を信じて買った。ご参考まで。

●総合割安性　｛(予想PSR＋成長割安度(×4)＋財務割安度)÷3｝の数値。

1倍以下は激安、2・5倍以下は中立、5倍以下は割高でない、10倍程度以下は許容範囲(超割高とはみなさない)。なお、この通常利用している判断の元、総合割安性が1倍以下＝35点、2倍以下＝30点、3倍以下＝25点、5倍以下＝20点、10倍以下＝15点、30倍以下＝10点、100倍以下＝5点、100倍より大きい＝0点と配点した。

●大株主　四季報の株主リストに入っている筆頭株主あるいは筆頭個人が社長の場合15点、役員がリスト内にいる場合は10点、社員の持株会あるいは親族の場合は4点を加点し、そのいずれでもない場合は0点とした。経営に関与するステークホルダーの深さが株価の上昇と相関関係にあることがこの背景にある。(前著参照)

●四季報　四季報コメントがポジティブ＝5点、中立＝0点、ネガティブ＝－5点とした。

◎モメンタム得点の内訳

●月足・週足・日足　月・週・日足の各チャートに3つある移動平均線のうち、2線の上にあれば各10・8・6点を加点。判断がしにくいライン上のものにはその半分の点を加点した。また、月足の短いまたはない銘柄は週足・日足で得点化し、その場合の月足の判断は週足の得点と同じ判断の得点を簡易的に入れることにした。なお、各移動平均線の設定は普段から私の利用している月足（100・60・30カ月）、週足（100・52・13週）、日足（200・130・65日）を使用して判断した。

これは移動平均線より上の株価は強く、さらに上がるという判断と、普段からより長期の移動平均線をより重視して発掘している点にご注目いただきたい。

●競合　直近1年半の期間で該当銘柄と会社四季報掲載の競合2銘柄とを比較し、もっとも株価位置が高い場合は10点、2位の場合は1位と僅差（チャートで同じ四角内に位置）なら7点、そうでなければ3点の加点、3位は0点とした。これは競合より優位な株価がその競争優位性を示しているのではないか、という判断によるものである。

●日経平均　該当銘柄の1年間来株価が日経平均よりも上なら5点、下なら0点とした。これは、平均点にすぎない日経平均よりも株価が上方推移していたほうが勢いのある企業だという判断による。

●時価総額　極小＝6点、小＝5点、中小＝4点、中＝3点、大＝1点、巨大＝0点とした。

これは、より小さな時価総額の会社のほうが確率的には大化け性が高いという判断による。

◎ランキング1〜32位（70点以上）銘柄解説

では、以下に総合得点が70点以上だった銘柄の経営近況やチャートなどのポイントを載せておくのでご参照いただきたい。

なお、通常、中小型株の業績判断は営業利益を見ているが、今回は大企業もランキングに入れているため、経常利益を使用した。

さらに、営業CFが3期連続でマイナスでないなど、私の割安度分析には以前ご紹介した10倍株の財務分析で悪い数値がある場合にはその数値が良くは出ないように工夫してある。計算方法を非公開にしている点はご容赦願いたいが、財務の成長性、割安性の判断に見る数字を掲載しているので、各社のファンダメンタル分析の参考にしてほしい。

1位

ステーキのファストフード店

ペッパーフードサービス
（東M·3053）

98点

アジア域内ショッピングモール店舗の成長伸びしろ大きい!

近況：
年間60店舗出店目標に着実拡大（前期55）。既存国内『ペッパーランチ』は値上げ後も客足堅調。円高で海外ペッパーランチは減収。急成長中の立ち食い店もシステムの特許取得し、差別化へ。全体として、概ね人件費増等吸収し足元の第3四半期も増収増益続くも、足元の円安は海外事業にはプラスも仕入れ値の上昇で全体としてマイナス要因。個人的に、成長事業の「いきなり！ステーキ」はコスパのそこそこ良い飲食店だと思っている。当面はここが収益を維持できるか＆海外成長持続できるか見守り、北米事業の大化けに期待。

コード:3053	業績（単位:百万円）				成長性（増収率=%）		収益性(=%)		
決算期	売上	経常利益	総資産	営業CF	前期比	5期前比	経常利益率	ROA	ROA(CF)
11.12	5,182	130	1,586	256	-6.7		2.5	8.2	16.1
12.12	5,239	94	1,538	108	1.1		1.8	6.1	7.0
13.12	5,686	209	2,318	269	8.5		3.7	9.0	11.6
14.12	8,791	575	4,084	1,120	54.6	37.0	6.5	14.1	27.4
15.12	16,198	760	6,708	1,840	84.3	191.6	4.7	11.3	27.4
(会予)16.12	23,200	928	N/A	N/A	43.2	347.7	4.0	13.8	N/A

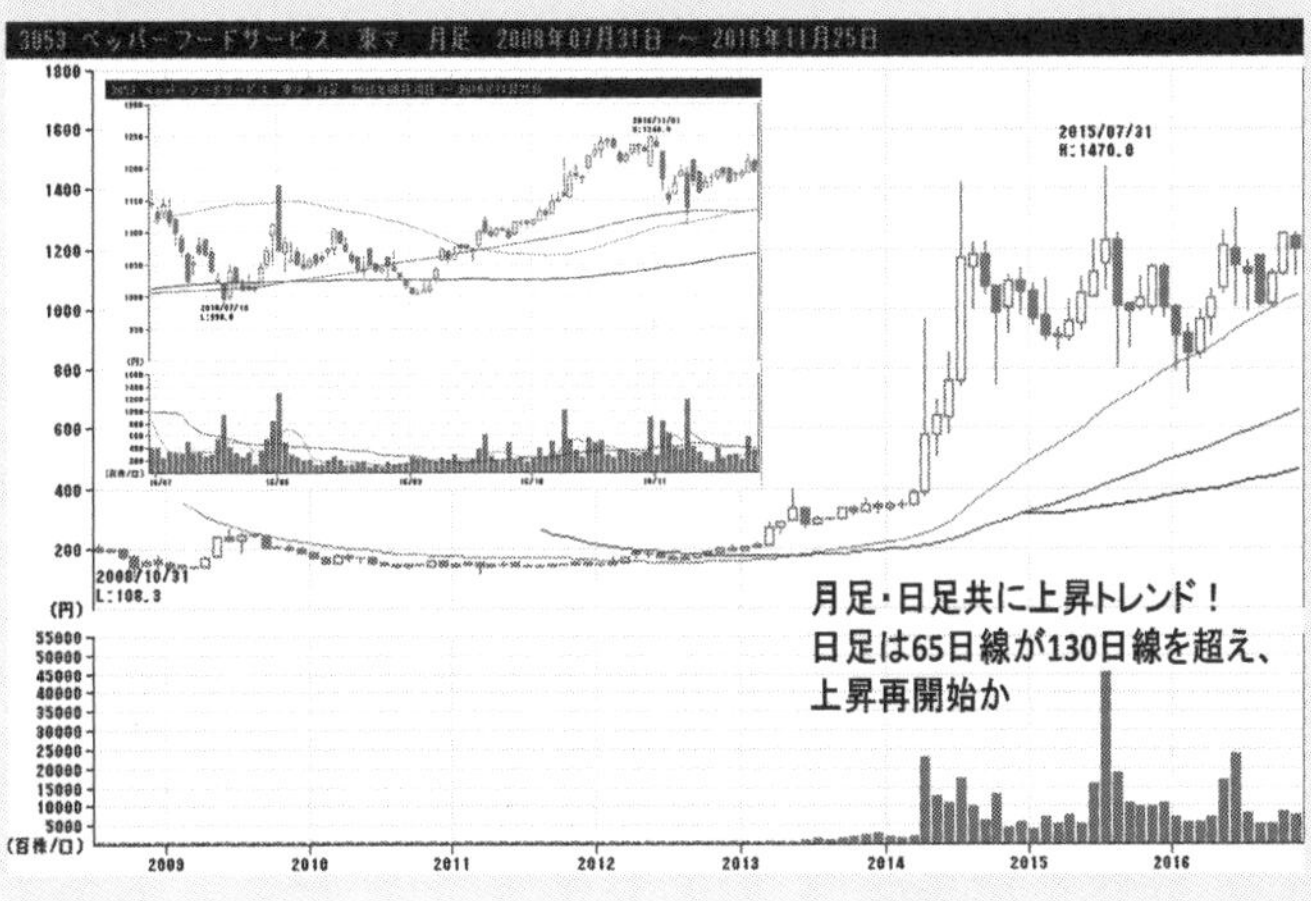

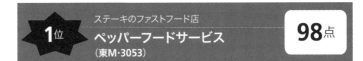

無煙ロースター事業メーカー

2位 シンポ
(JQ·5903)

94点

国内牛肉ブームとアジア焼肉産業の盛り上がりの追い風受ける!

近況:
引き続き店舗展開や店舗改装及びメンテナンスの提案に注力。販売費などこなし連続増収増益。上期計画3.2億円に対する進捗率は54.2%、5年平均の28.7%も上回った。直近3カ月の実績である7-9月期の売上営業利益率は対前年同期0.6%減。無煙ロースターは同社が世界で初めて開発し、現在世界シェア1位。シンガポールや米国の牛角、ベトナムの櫻、香港のIROHA、タイの田丸屋本店・SUKISHIなどで採用されている。17年の保守事業にも期待。

コード:5903	業績(単位:百万円)				成長性(増収率=%)		収益性(=%)		
決算期	売上	経常利益	総資産	営業CF	前期比	5期前比	経常利益率	ROA	ROA(CF)
12.6	2,681	183	3,127	203	-5.8		6.8	5.9	6.5
13.6	3,044	254	3,374	367	13.5		8.3	7.5	10.9
14.6	3,915	462	3,781	399	28.6		11.8	12.2	10.6
15.6	3,996	555	3,949	235	2.1	48.2	13.9	14.1	6.0
16.6	4,598	618	4,314	457	15.1	61.6	13.4	14.3	10.6
(会予)17.6	4,750	620	N/A	N/A	3.3	77.2	13.1	14.4	N/A

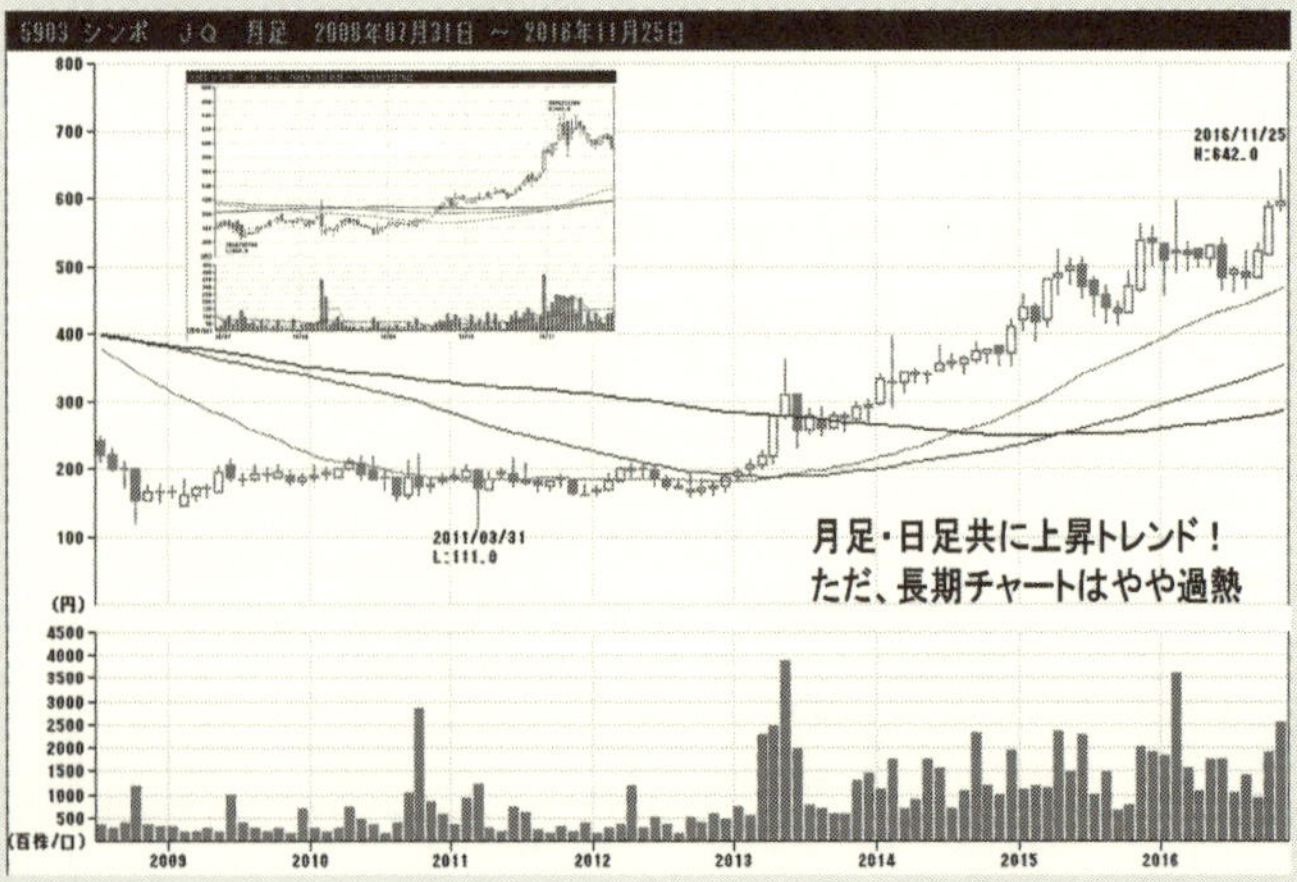

3位

ネット媒体得意PR会社

ベクトル

（東1・6058）

87点

アジアの先手が早い社長・事業にほれ込んだ国内No.1 PR会社

近況：
大黒柱のPR事業は戦略PRサービスなどを中核に幅広いサービスを提供し堅調成長。ビデオリリース配信サービス「NewsTV」が提供開始以来伸長で、「IRTV」も堅調。16年9月に国内最大級のエンターテインメントメディア「CuRaZY」を運営する㈱LAUGH TECHを子会社化し体制強化。全体として堅調で足元の第2四半期も増収増益。16年6月に中国広州市にPRの販売拠点開設、同7月台湾・ベトナムで「NewsTV」サービス開始。

コード:6058	業績（単位：百万円）				成長性（増収率=%）		収益性（=%）		
決算期	売上	経常利益	総資産	営業CF	前期比	5期前比	経常利益率	ROA	ROA(CF)
12.2	3,815	487	1,963	164	29.2		12.8	24.8	8.4
13.2	5,106	707	2,947	260	33.8		13.8	24.0	8.8
14.2	6,461	909	3,560	266	26.5		14.1	25.5	7.5
15.2	8,319	1,186	7,106	895	28.8	248.1	14.3	16.7	12.6
16.2	9,685	1,506	8,420	812	16.4	228.1	15.5	17.9	9.6
(会予)17.3	12,000	2,000	N/A	N/A	23.9	214.5	16.7	23.8	N/A

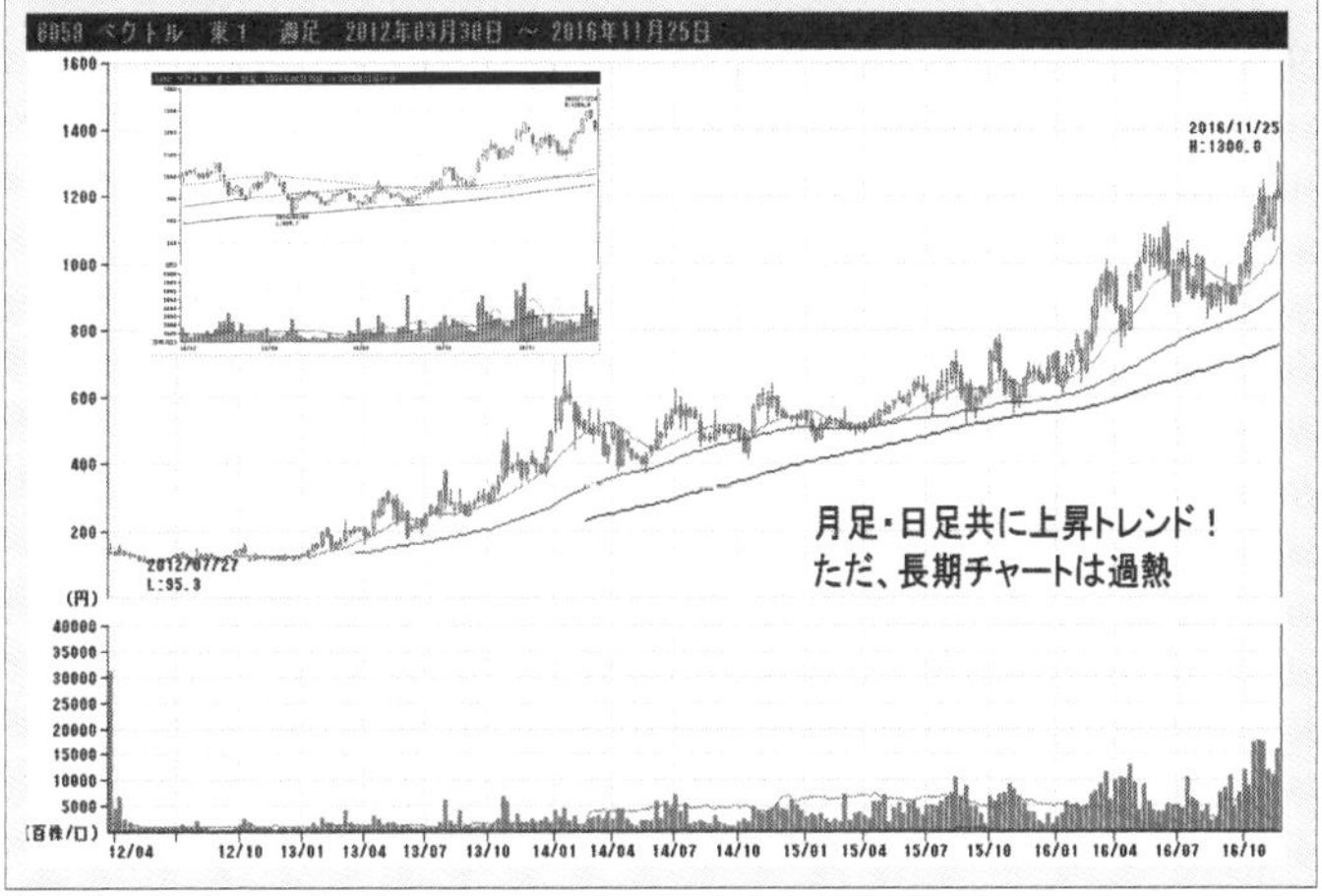

4位

工場製造ライン人材派遣・請負

アウトソーシング
(東1・2427)

86点

業界内でのアジア・豪州・南米など海外展開のスピード随一

近況：
アウトソーシングの産業成長の波に乗った会社で、日系の中でグローバル化が半端なく早い！　PEOスキームによる採用が寄与し、一人当たりの採用コストを抑えながら順調に増員、事業拡大。製造業以外の分野として注力しているIT・建設・米軍基地・コンビニといった各分野も堅調。海外は、国内に比べて高水準の成長続く。M&Aにより業容大幅拡大、利益構造も派遣先多角化で収益安定強化、増収増益。ただし、目先はトランプ氏の政策により軟調な展開も。

コード:2427	業績(単位:百万円)				成長性(増収率=%)		収益性(=%)		
決算期	売上	経常利益	総資産	営業CF	前期比	5期前比	経常利益率	ROA	ROA(CF)
11.12	32,397	702	11,921	412	14.1		2.2	5.9	3.5
12.12	42,090	1,153	13,866	1,062	29.9		2.7	8.3	7.7
13.12	47,384	1,357	20,343	1,298	12.6		2.9	6.7	6.4
14.12	59,421	2,197	24,132	2,284	25.4	230.8	3.7	9.1	9.5
15.12	80,860	3,224	37,042	2,097	36.1	184.9	4.0	8.7	5.7
(会予)16.12	134,000	5,100	N/A	N/A	65.7	313.6	3.8	13.8	N/A

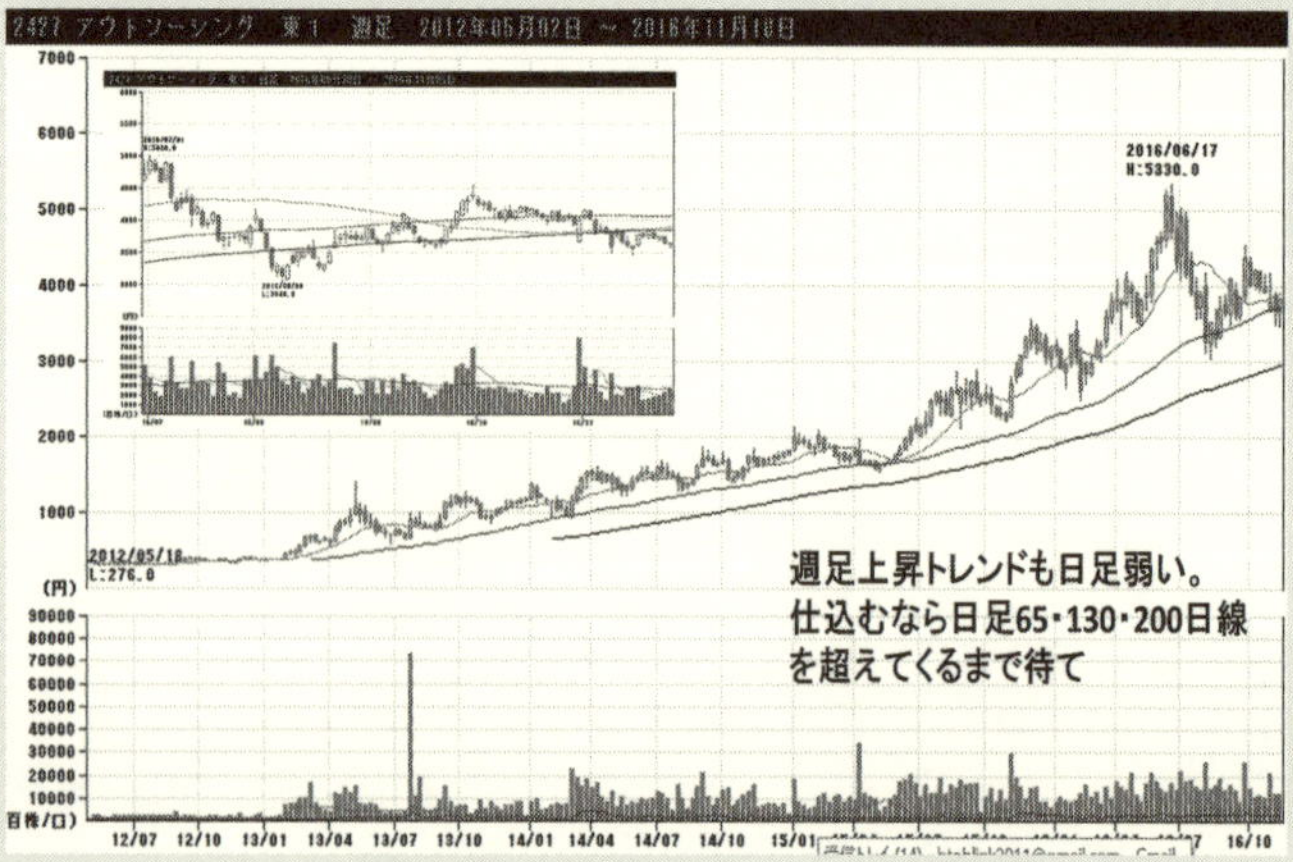

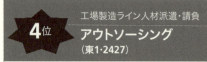

5位

賃貸住宅建設／仲介・管理

スターツコーポレーション
（東1・8850）

85点

インド＋親日アジアを多く含む世界21カ国33拠点の先見性に注目

近況：
WEBのトップページを見れば一目瞭然で海外で稼ぐ気満々でイイね！　と言いたくなる。不動産に留まらず、周辺事業での多様な収益ストック型事業が魅力。『ピタットハウス』展開。安定収益基盤となる不動産管理物件件数は増。不動産管理は他社ホテルからの管理受託が拡大。社宅管理など法人需要も伸びる。フィリピンで工場の区分賃貸事業を16年秋開始。進出時の初期投資を抑えたい日系中堅企業の需要取り込む。海外ネットワークの強みを活かしたビジネスモデルを構築。海外はカナダ・トロントで開設準備。

コード:8850	業績（単位：百万円）				成長性（増収率=%）		収益性(=%)		
決算期	売上	経常利益	総資産	営業CF	前期比	5期前比	経常利益率	ROA	ROA(CF)
12.3	117,785	10,087	133,040	10,085	4.9	[redacted]	8.6	7.6	7.6
13.3	128,360	12,107	145,354	6,816	9.0	[redacted]	9.4	8.3	4.7
14.3	151,033	16,179	172,558	22,273	17.7	[redacted]	10.7	9.4	12.9
15.3	156,752	16,377	178,996	4,355	3.8	30.4	10.4	9.1	2.4
16.3	160,174	17,687	180,550	21,372	2.2	42.7	11.0	9.8	11.8
(会予)17.3	182,000	18,000	N/A	N/A	13.6	54.5	9.9	10.0	N/A

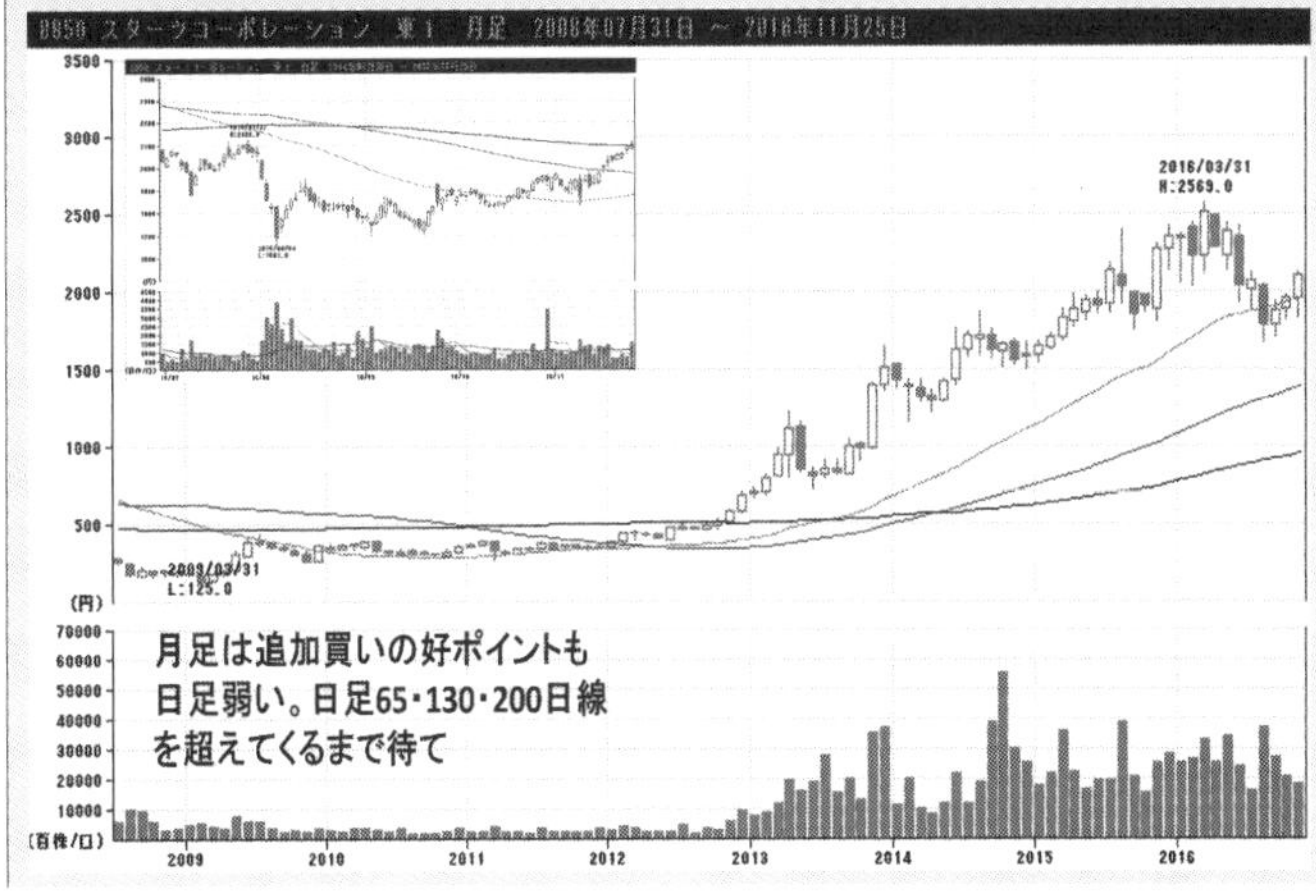

『丸亀製麺』など運営

6位 トリドール

（東1･3397）

84点

台湾、インドネシア、ハワイで圧倒的な人気を誇るうどん屋さん

近況：

国内では『丸亀製麺』14店舗、その他業態で11店舗出店。海外では収益性を重視しつつ、直営店6店舗など計47店舗出店。売上堅調、セグメント利益は急成長で増収増益。全体として高成長を維持したが、営業減益。11月に月桂冠やチョーヤ梅酒などと組んで英ロンドンに高級居酒屋を出店。16年3月期に海外事業が黒字化したのを機に富裕層向けの事業展開に乗り出し、新たな収益基盤を確立する。17年2月までに伊ミラノ市内にラーメン店を、3月までにすしが主体の日本食レストランを開く。マレーシアのBoot Noodleも激コミだった。

コード:3397	業績（単位：百万円）				成長性（増収率=%）		収益性(=%)		
決算期	売上	税前利益	総資産	営業CF	前期比	5期前比	経常利益率	ROA	ROA(CF)
12.3	61,075	3,216	41,994	8,964	25.1		5.3	7.7	21.3
13.3	70,906	3,420	47,579	7,039	16.1		4.8	7.2	14.8
14.3	78,318	2,374	52,885	6,539	10.5		3.0	4.5	12.4
15.3	87,294	3,614	59,019	9,497	11.5	124.2	4.1	6.1	16.1
16.3	95,587	8,117	57,793	8,578	9.5	95.7	8.5	14.0	14.8
(会予)17.3	102,660	8,580	N/A	N/A	7.4	68.1	8.4	14.8	N/A

注）2014年度より国際会計基準に移行。2014年度は税前利益が経常利益の0.48倍、2015年度は0.51倍で平均は0.495倍。2013年度以前の税前利益は経常利益に0.495を掛けて算出。尚、総資産・営業CFも同様にて対応。

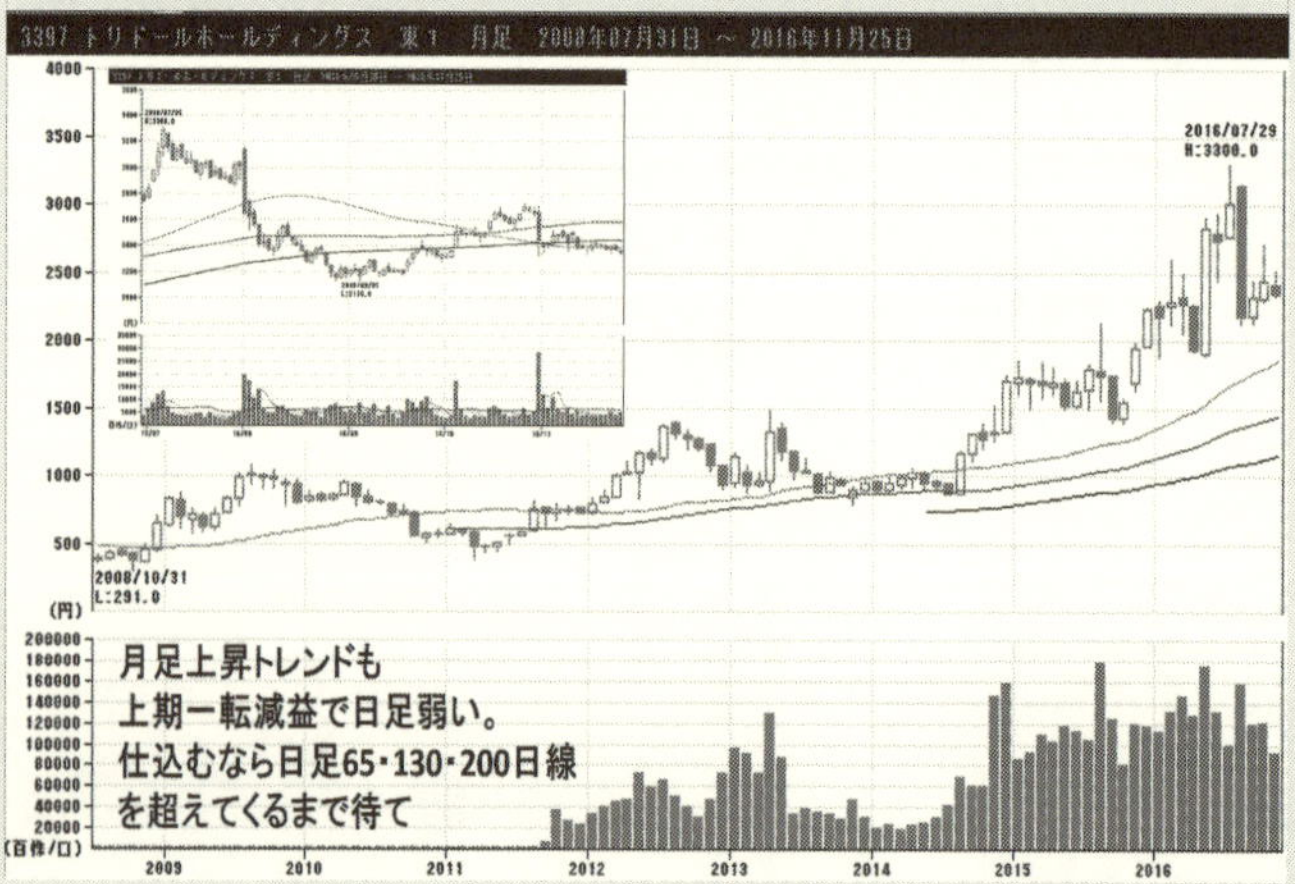

7位

高級レストラン・伊料理

ワイズテーブルコーポレーション
（東2・2798）

84点

コスパのいいサルバトーレのフィリピンでの拡大に大きな期待

近況：
カジュラルレストラン既存店ブラッシュアップに加え、新規出店が功を奏し安定推移。高級レストランを展開するXEXグループの表参道店閉鎖などで売上減。ただ、これはいいと思う。代官山のXEXなども個人的には食べに行く選択肢に入らない。もう少し都会でない場所・テナント代が安い場所に注力するのに賛成。マニラにオープンした「SALVATORE CUOMO & BAR/Paul Bassett Manila produced by XEX」が高評価。衣食住の新ビジネスは内容を注視。

コード：2798	業績（単位：百万円）				成長性（増収率=%）		収益性（=%）		
決算期	売上	経常利益	総資産	営業CF	前期比	5期前比	経常利益率	ROA	ROA(CF)
12.2	12,697	250	3,957	425	-9.6		2.0	6.3	10.7
13.2	13,538	310	4,565	407	6.6		2.3	6.8	8.9
14.2	13,638	427	5,193	615	0.7		3.1	8.2	11.8
15.2	14,306	253	5,125	655	4.9	-4.7	1.8	4.9	12.8
16.2	15,011	237	5,129	487	4.9	6.9	1.6	4.6	9.5
（会予）17.2	15,606	582	N/A	N/A	4.0	22.9	3.7	11.3	N/A

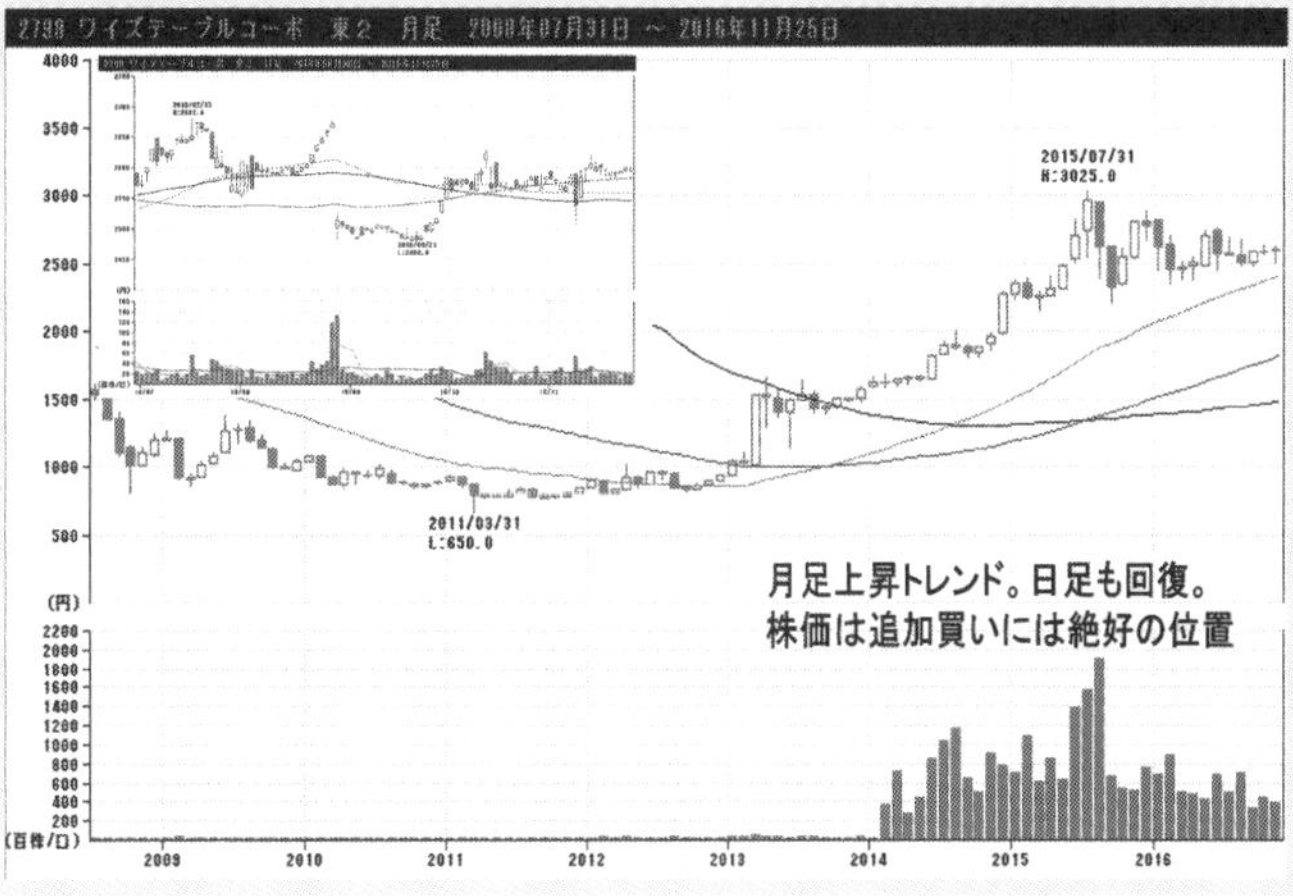

8位

大型SC内遊戯施設

イオンファンタジー
（東1·4343）

82点

海外は中国店舗数が半数も、東南アジアでの伸びは見逃せない

近況：
海外を中心に新規48店舗出店（前年51）し順調拡大。第2四半期連結で過去最高売上。国内は昨年6月に合併した旧ファンフィールドがテコ入れ奏功し、売上高既存店伸び率アップ、大幅増益。7月には新業態「カフェもりっちゃ」2号店オープン。海外は6カ国で39店舗（前期38）新規出店、中国は前年上回る20店舗出店、増益。フィリピン順調、ベトナムは現法設立準備。全体として国内外好調。

コード:4343	業績（単位：百万円）				成長性（増収率=%）		収益性(=%)		
決算期	売上	経常利益	総資産	営業CF	前期比	5期前比	経常利益率	ROA	ROA(CF)
12.2	42,447	3,622	23,991	7,277	0.5	[redacted]	8.5	15.1	30.3
13.2	44,868	3,487	26,678	6,152	5.7	[redacted]	7.8	13.1	23.1
14.2	46,541	2,645	27,972	6,674	3.7	[redacted]	5.7	9.5	23.9
15.2	46,632	3,417	30,041	3,570	0.2	6.7	7.3	11.4	11.9
16.2	58,831	2,630	41,040	8,156	26.2	39.3	4.5	6.4	19.9
(会予)17.2	65,000	2,750	N/A	N/A	10.5	53.1	4.2	6.7	N/A

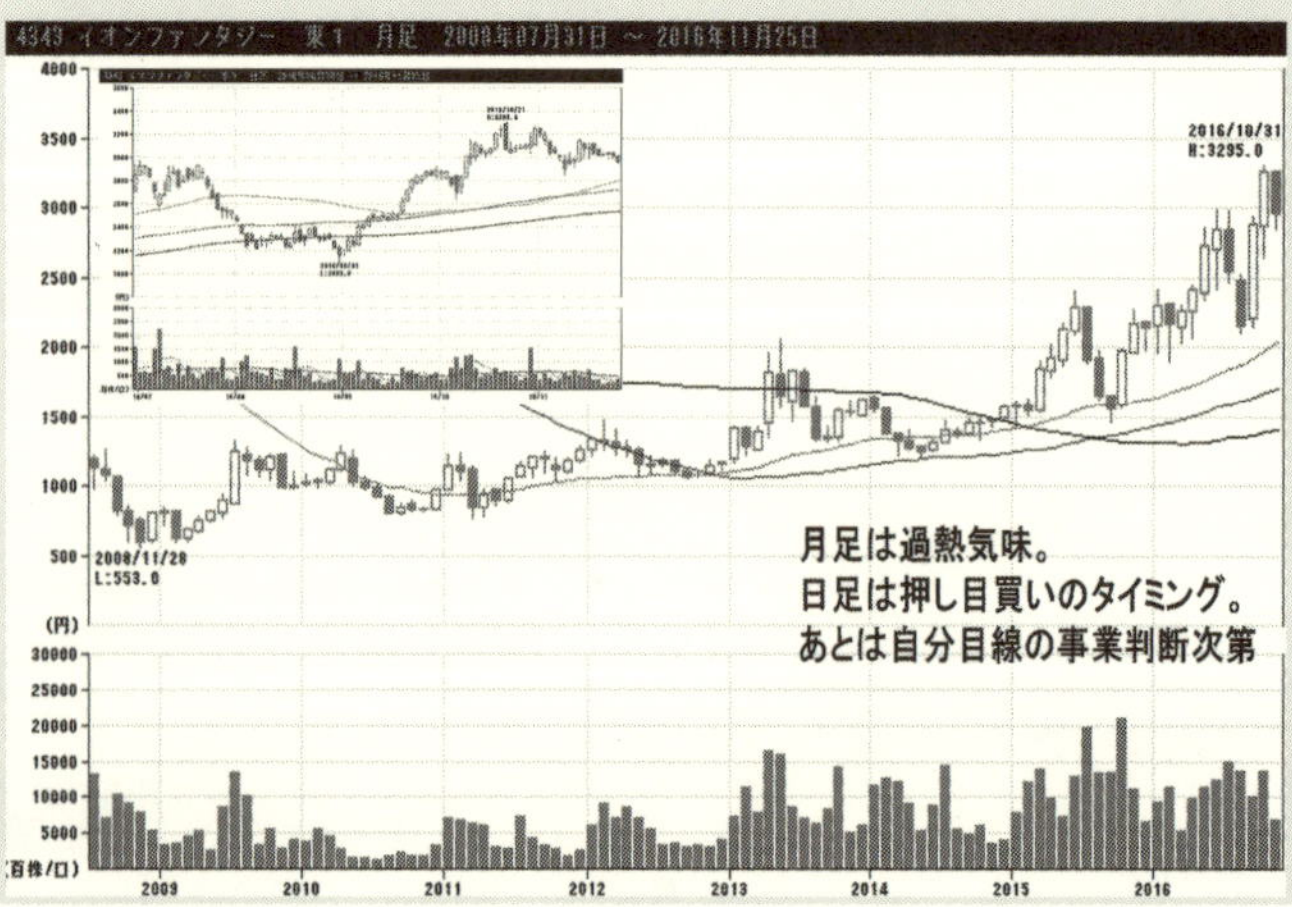

9位

ダイニングレストラン

WDI
(JQ･3068)

80点

六本木のウルフギャングステーキハウスと田舎家が好きで…

近況：
新業態導入などブランド群拡充模索。国内は「ハードロックカフェ」「カプリチョーザ」各1店舗出店。海外では「サラベス」としては初FC店舗を台湾に出店。円高で海外店目減りも合弁含め再攻勢。ミャンマーはハードロックカフェ。海外はアジア減速、北米なども概ね減収減益で苦戦も国内堅調で全体としては増収増益をなんとか維持。ハワイのBBQ、ニューヨークの焼肉店に期待。

コード:3068	業績(単位:百万円)				成長性(増収率=%)		収益性(=%)		
決算期	売上	経常利益	総資産	営業CF	前期比	5期前比	経常利益率	ROA	ROA(CF)
12.3	16,091	443	7,939	1,210	-3.0	[redacted]	2.8	5.6	15.2
13.3	17,702	335	8,126	588	10.0	[redacted]	1.9	4.1	7.2
14.3	20,286	524	8,872	932	14.6	[redacted]	2.6	5.9	10.5
15.3	23,691	889	10,491	1,520	16.8	34.4	3.8	8.5	14.5
16.3	27,629	1,420	12,189	1,700	16.6	66.6	5.1	11.6	13.9
(会予)17.3	28,500	1,350	N/A	N/A	3.2	77.1	4.7	11.1	N/A

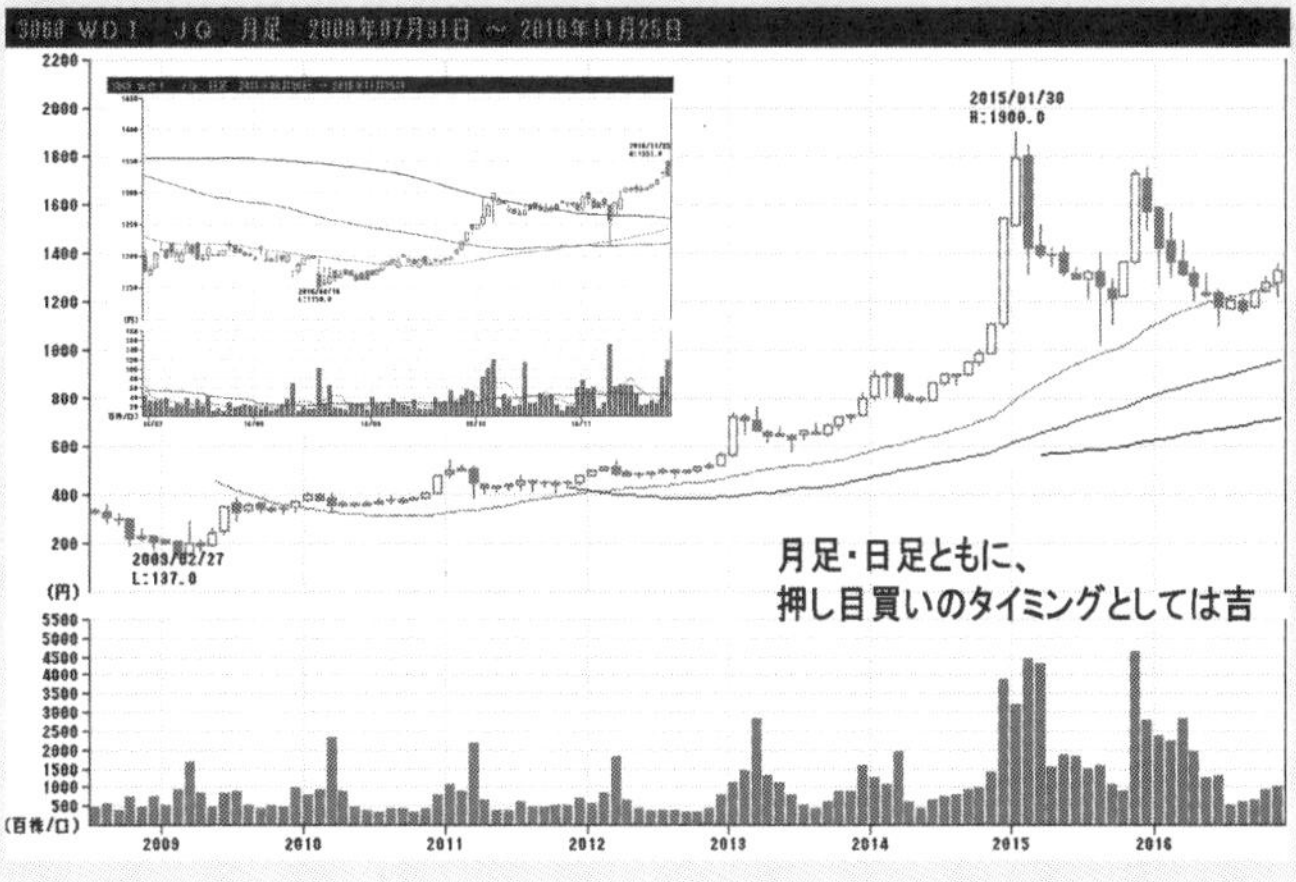

10位

取り出しロボット世界3割／首位

ユーシン精機

（東1·6482）

80点

親日アジアに強くシェア世界1位、3年で1.6倍の経常益目標に注目

近況：

新規事業分野で新商品開発など、世界規模で新規顧客の開拓を継続も、大幅な円高の影響で売上高前期比9.8%減、営業利益前期比10.6%減。決算予想も売上減で手控えるのが賢明だが、足元の円安でこの点は改善される可能性大。特注機は医療関連に加え光学関連など新規事業分野を主軸として拡大図る。新本社工場は16年11月下旬に完成。インドを含む豊富な親日アジア拠点は魅力大。

コード:6482	業績(単位:百万円)				成長性(増収率=%)		収益性(=%)		
決算期	売上	経常利益	総資産	営業CF	前期比	5期前比	経常利益率	ROA	ROA(CF)
12.3	14,240	1,265	22,641	584	13.3		8.9	5.6	2.6
13.3	14,721	1,746	23,744	520	3.4		11.9	7.4	2.2
14.3	17,909	3,095	26,252	2,575	21.7		17.3	11.8	9.8
15.3	17,799	2,542	29,463	2,104	-0.6	43.9	14.3	8.6	7.1
16.3	21,148	2,921	29,409	2,218	18.8	68.3	13.8	9.9	7.5
(会予)17.3	20,000	3,000	N/A	N/A	-5.4	40.4	15.0	10.2	N/A

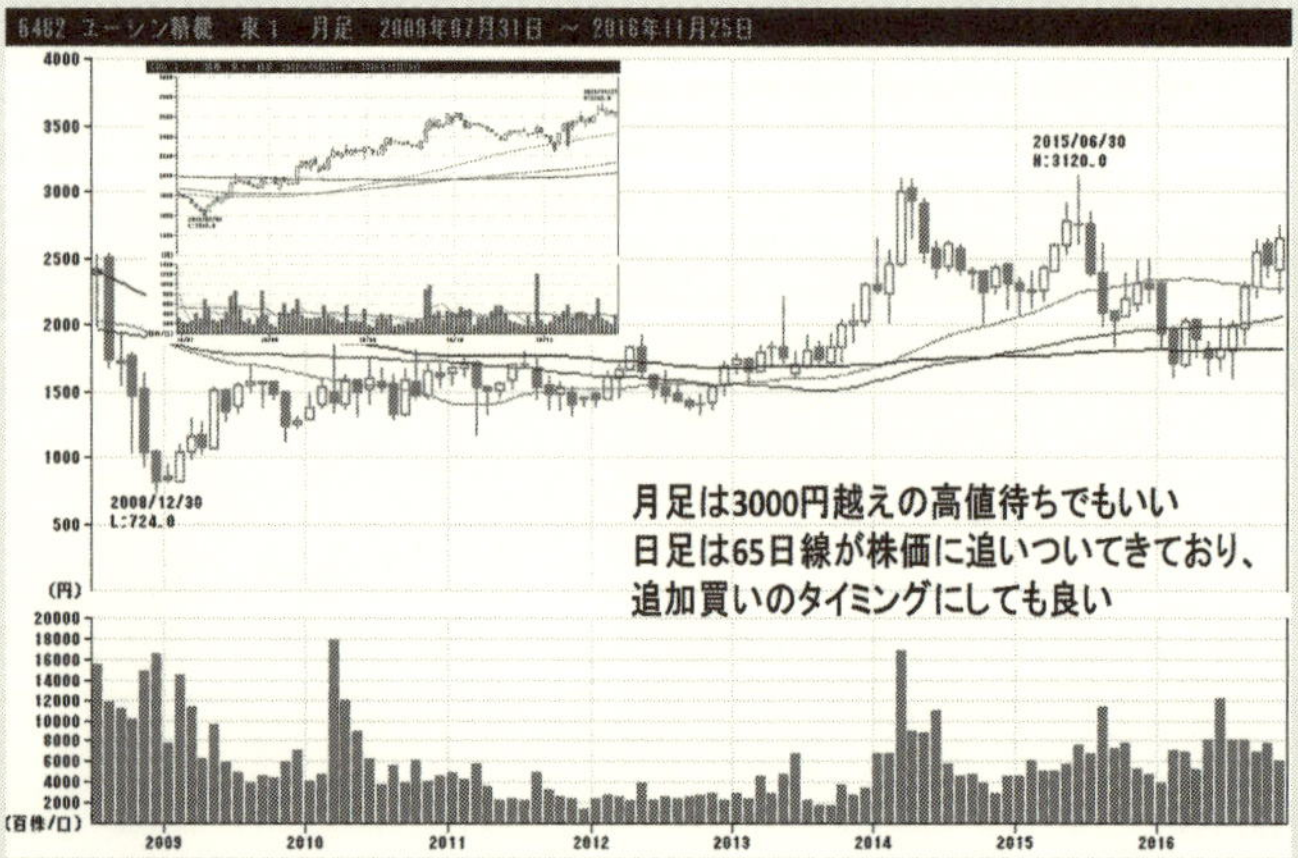

バドミントンとテニス、ゴルフが3本柱

11位 ヨネックス

（東2・7906）

80点

インドで競技人口世界2位のバドミントンで更なる成長を目指す

近況：
テニスはブーム継続で好調。高付加価値商品注力。著名な契約選手との連動型広告宣伝活動によりブランド訴求、売上に貢献。ヨネックスカントリークラブは日本海側唯一のトーナメントコースとして入場者数増加も価格競争で苦戦。国内、北米・欧州苦戦。アジア圏は成長ペース鈍化も中国は概ね計画通り、台湾は新規格のラケットが好調。アジアでは全般に2ケタの利益率が十分視野に入る。全体として増収増益。

コード：7906	業績（単位：百万円）				成長性（増収率=%）		収益性（=%）		
決算期	売上	経常利益	総資産	営業CF	前期比	5期前比	経常利益率	ROA	ROA(CF)
12.3	37,650	1,409	37,453	−478	2.6		3.7	3.8	−1.3
13.3	38,827	1,343	38,951	1,513	3.1		3.5	3.4	3.9
14.3	43,174	2,139	39,841	1,401	11.2		5.0	5.4	3.5
15.3	47,619	2,400	42,708	1,023	10.3	29.2	5.0	5.6	2.4
16.3	54,159	2,964	47,190	3,638	13.7	47.6	5.5	6.3	7.7
(会予)17.3	61,000	4,000	N/A	N/A	12.6	62.0	6.6	8.5	N/A

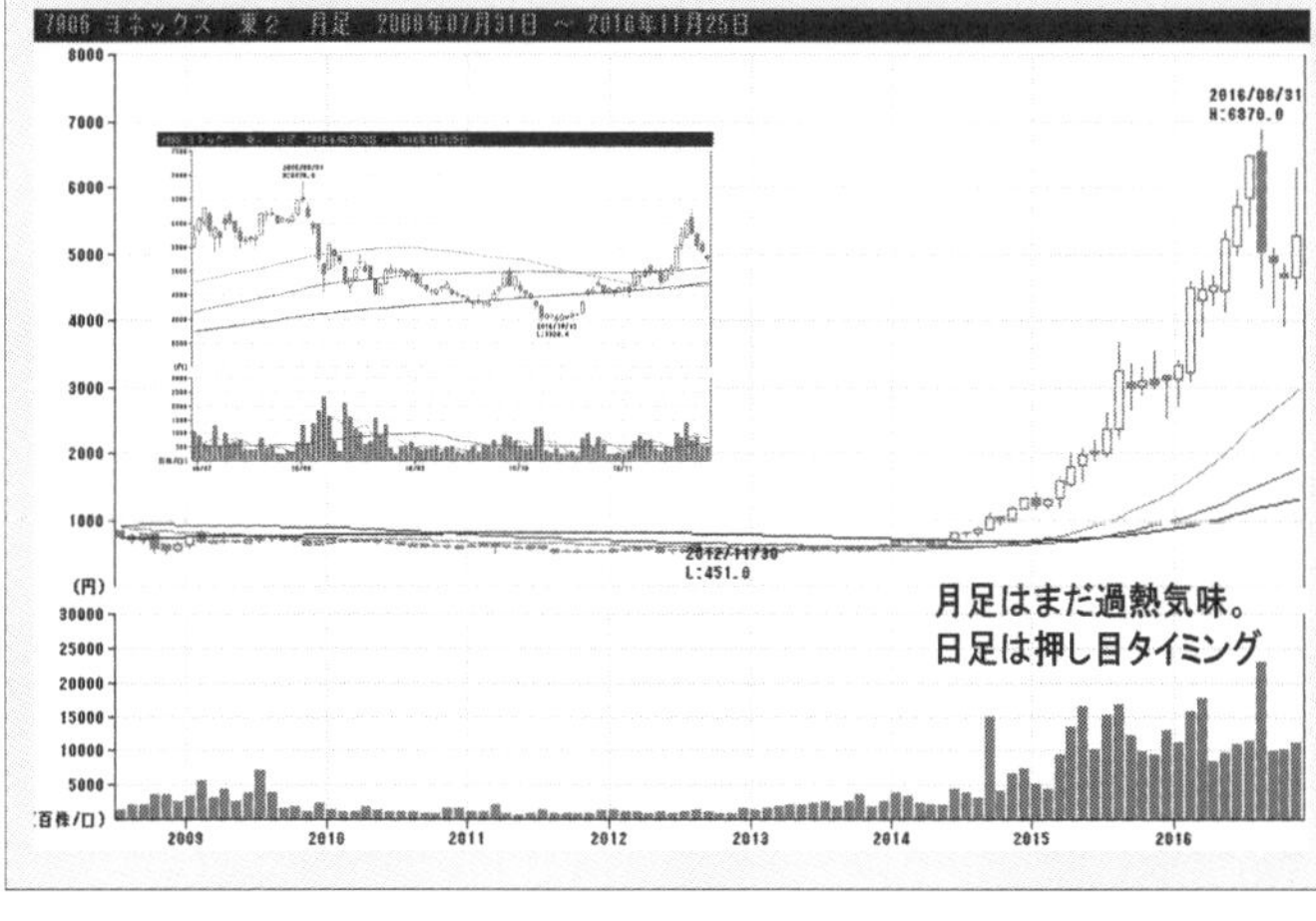

12位 世界首位のHDD用精密小型モーターなど 日本電産 (東1･6594) 79点

シフト中の車載･産業用など中大型モーター事業が有望

近況:
想定為替レートを105円から100円に見直すも注力の「車載及び家電･商業･産業用」好調で利益率改善、営業利益、税前利益、純利益の各項目において、四半期の過去最高。連結利益予想上方修正。ロボット関連製品は現在の年商数億円が17年度には100億円規模へ拡大の見通し。円高の影響で減収だが、営業利益は中間期の過去最高記録。EV時代の本命銘柄。VRでも20年度売上300億円目標。

コード:6954	業績(単位:百万円)				成長性(増収率=%)		収益性(=%)		
決算期	売上	税前利益	総資産	営業CF	前期比	5期前比	経常利益率	ROA	ROA(CF)
12.3	682,320	70,856	800,401	56,712	0.9	[redacted]	10.4	8.9	7.1
13.3	709,270	13,398	1,005,417	110,286	3.9	[redacted]	1.9	1.3	11.0
14.3	875,109	84,664	1,166,918	87,219	23.4	[redacted]	9.7	7.3	7.5
15.3	1,028,385	107,371	1,357,340	91,875	17.5	79.9	10.4	7.9	6.8
16.3	1,178,290	119,328	1,384,472	147,610	14.6	74.3	10.1	8.6	10.7
(会予)17.3	1,200,000	133,000	N/A	N/A	1.8	75.9	11.1	9.6	N/A

注)2016年度決算までは米国会計基準採用、2017年度第1四半期決算より国際会計基準の任意採用開始

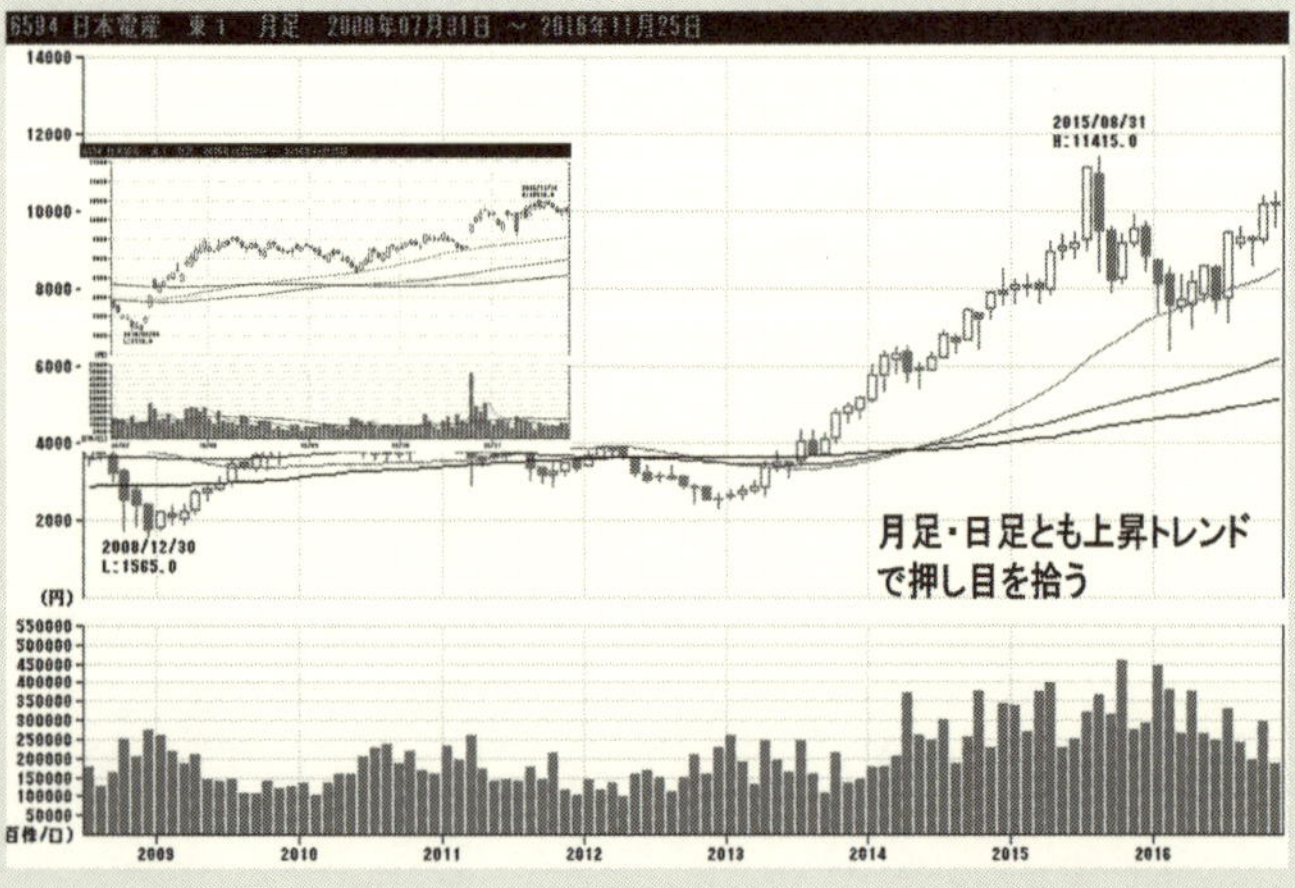

独立系国際海上輸出混載首位

13位 内外トランスライン
（東1・9384）

78点

アジアの成長享受と減益でも堅調な株価と高いROA

近況：
韓国・釜山新港の物流倉庫16年9月30日に竣工、11月1日より営業開始。主力の海上混載貨物事業に活用。国内は混載輸送及びフルコンテナ輸送双方で苦戦し減収減益。海外においても主力となる日本発貨物の減少等により、減収減益。今後は海外での売上比率50%超と東南アジアの比率が上がるかや、物流事業による収益強靭化の実現をチェックしていきたい。目先は厳しいか。

コード:9384	業績(単位:百万円)				成長性(増収率=%)		収益性(=%)		
決算期	売上	経常利益	総資産	営業CF	前期比	5期前比	経常利益率	ROA	ROA(CF)
11.12	12,538	1,046	6,326	701	9.6		8.3	16.5	11.1
12.12	13,405	975	7,110	668	6.9		7.3	13.7	9.4
13.12	16,796	1,204	8,980	432	25.3		7.2	13.4	4.8
14.12	20,094	1,207	9,166	963	19.6	130.0	6.0	13.2	10.5
15.12	22,657	1,568	8,863	1,053	12.8	98.0	6.9	17.7	11.9
(会予)16.12	20,600	1,120	N/A	N/A	-9.1	64.3	5.4	12.6	N/A

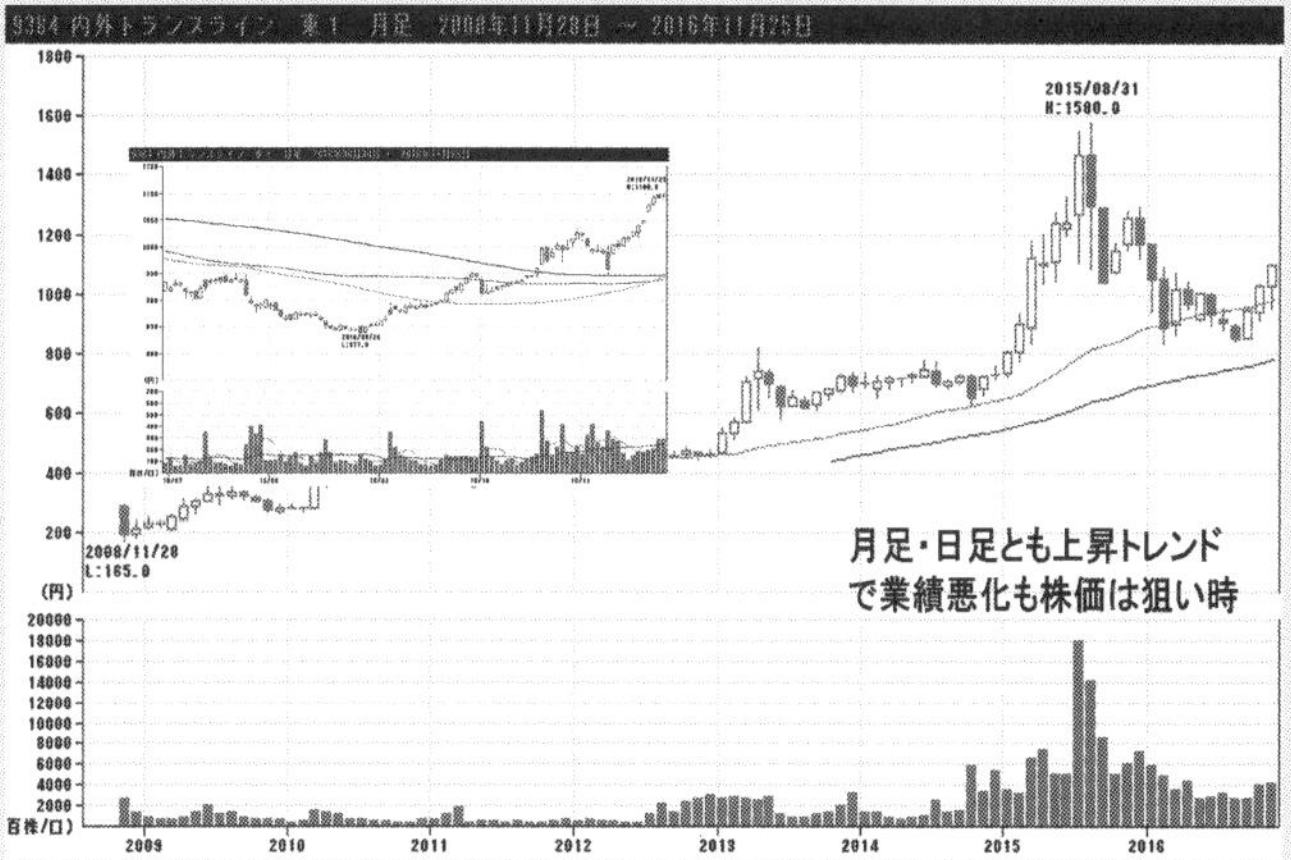

自社企画の自動車用品販売

14位 中央自動車工業
(東2·8117)

78点

フィリピン・インドネシアの地元密着営業の伸びが楽しみ

近況：
国内は高級車の販売台数増を追い風に高付加価値のコーティング剤が絶好調。海外もボディーコーティング期待。北米も現地大手代理店との提携効果で好伸し、外拠点新設費用吸収。ドバイ、マニラの駐在員事務所を現法化。シンガポール子会社と連携し拡販、またミャンマーにも駐在員事務所開設するなど積極的に展開。営業益再増額、会社30円配に上乗せ期待。

コード:8117	業績(単位:百万円)				成長性(増収率=%)		収益性(=%)		
決算期	売上	経常利益	総資産	営業CF	前期比	5期前比	経常利益率	ROA	ROA(CF)
12.3	13,332	1,872	17,456	1,038	-16.0		14.0	10.7	5.9
13.3	14,648	2,588	18,506	1,218	9.9		17.7	14.0	6.6
14.3	15,891	2,690	20,549	1,558	8.5		16.9	13.1	7.6
15.3	16,075	2,402	20,945	1,054	1.2	4.0	14.9	11.5	5.0
16.3	16,952	2,757	22,867	2,472	5.5	6.8	16.3	12.1	10.8
(会予)17.3	19,000	3,200	N/A	N/A	12.1	42.5	16.8	14.0	N/A

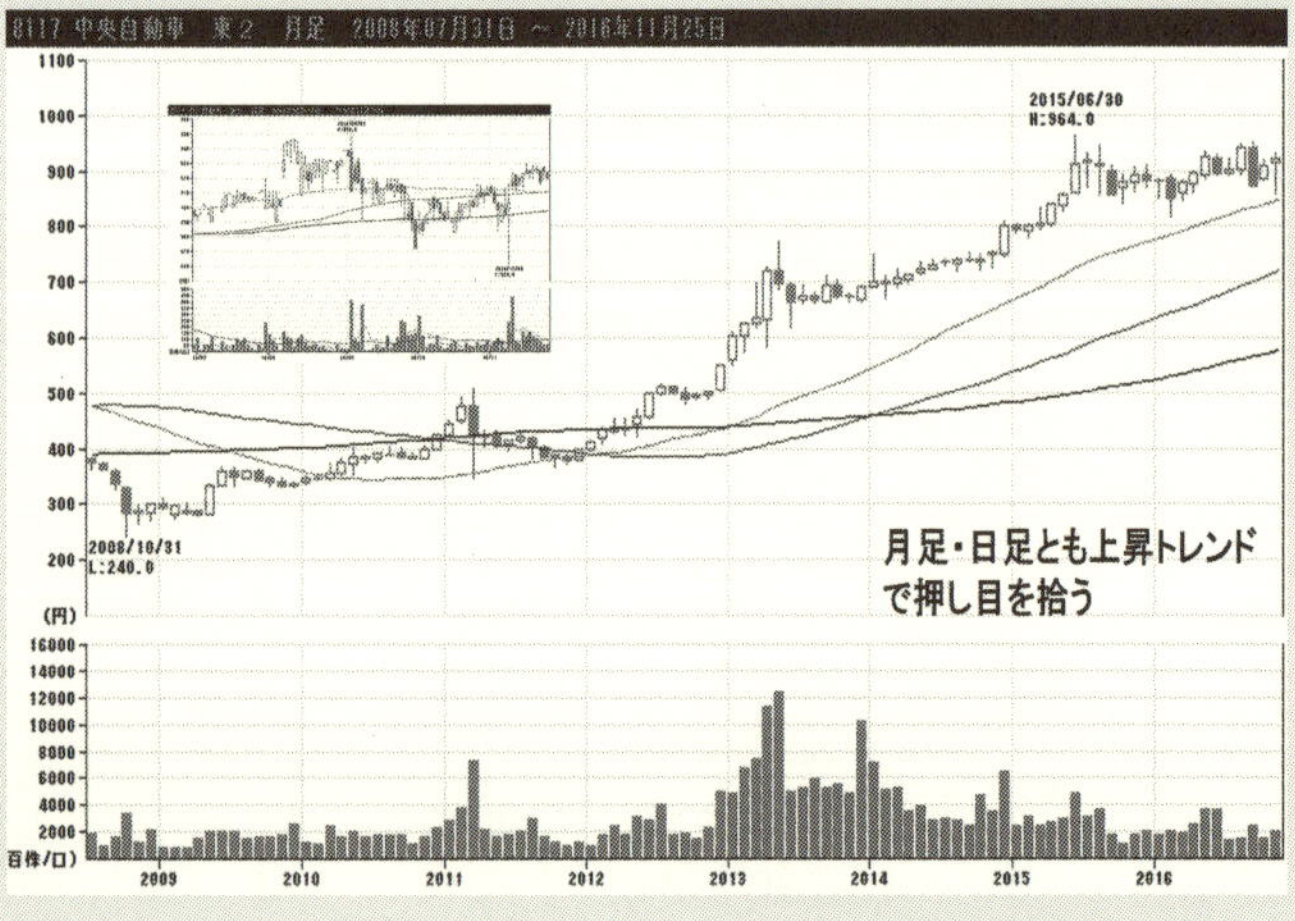

15位

航空券の予約サイト『空旅』主力

エボラブルアジア
（東M・6191）

78点

15年来の友人である社長を支持し、その実力を信じる！ 以上

近況：
国内航空券販売を主軸に業績拡大。オフショア事業はベトナムにおけるラボ型開発を主軸に伸張。オンライン旅行事業はスマートフォンやタブレット端末の普及による市場拡大が追い風。ITオフショア開発割合は日本では1000億円程度で、国内の受託ソフトウェア開発市場の市場規模が10兆円程度ということを鑑みると拡大余地十分。同社の経営者は大学時代からの友人であり、当時語った「志」成就を見届ける日をずっと楽しみにしていきたい。財務の収益性向上も見逃すな。

コード:6191	業績(単位:百万円)				成長性(増収率=%)		収益性(=%)		
決算期	売上	経常利益	総資産	営業CF	前期比	5期前比	経常利益率	ROA	ROA(CF)
12.9	10,603	71	776	N/A	22.5		0.7	9.1	N/A
13.9	961	22	1,004	159	-90.9		2.3	2.2	15.8
14.9	1,451	93	1,273	159	51.0		6.4	7.3	12.5
15.9	2,754	305	2,964	331	89.8	N/A	11.1	10.3	11.2
16.9	4,000	571	4,837	604	45.2	-53.8	14.3	11.8	12.5
(会予)17.9	6,147	961	N/A	N/A	53.7	-42.0	15.6	19.9	N/A

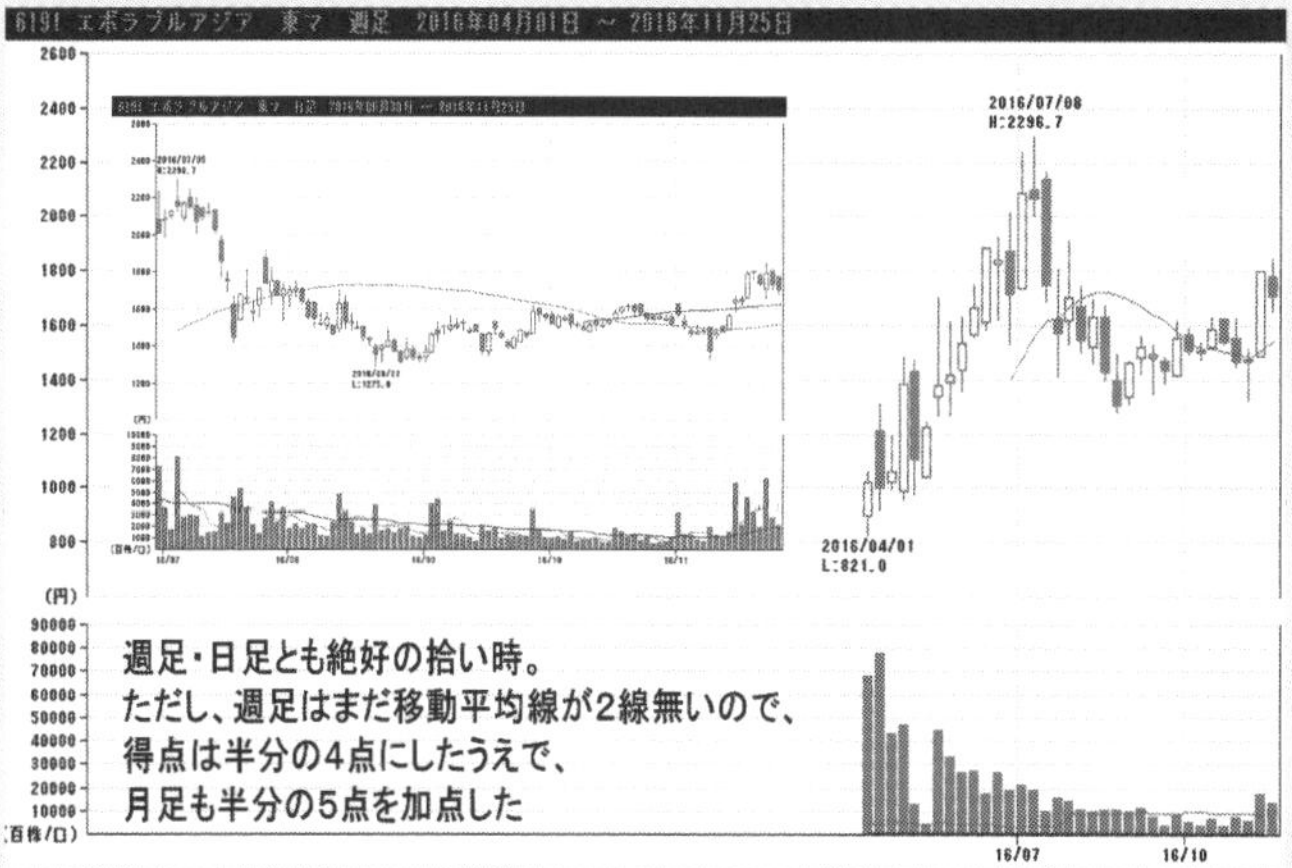

16位 ホームセンター『ニトリ』

ニトリホールディングス
（東1・9843）

78点

都内も都心店舗増で、いかに法人と海外顧客を拡げるかに注目

近況：

国内店舗17店増、プランタン銀座、中目黒の路面店に続き、新宿高島屋、池袋東武百貨店に進出へ。海外の台湾24店舗、米国5店舗、中国8店舗と合わせて国内外437店舗。既存店は機能性寝具や収納家具など自社開発品が好調で営業益続伸、連続増配も。積極的な販促も効き新規含め客数伸びる。また、車のない世帯の新規取り込み目指し、都心出店へ軸足移行。手薄だった法人開拓にも本腰。顧客の利便性向上のためECサイトで購入した商品を店舗で受け取れる「店舗受取サービス」を16年7月から全店で開始。

コード:9843	業績(単位:百万円)				成長性(増収率=%)		収益性(=%)		
決算期	売上	経常利益	総資産	営業CF	前期比	5期前比	経常利益率	ROA	ROA(CF)
12.2	331,061	59,151	267,153	43,908	5.3		17.9	22.1	16.4
13.2	348,789	62,195	284,290	41,989	5.4		17.8	21.9	14.8
14.2	387,605	63,474	321,703	46,154	11.1		16.4	19.7	14.3
15.2	417,285	67,929	404,793	52,923	7.7	45.8	16.3	16.8	13.1
16.2	458,140	75,007	414,541	57,343	9.8	45.8	16.4	18.1	13.8
(会予)17.2	500,000	80,000	N/A	N/A	9.1	51.0	16.0	19.3	N/A

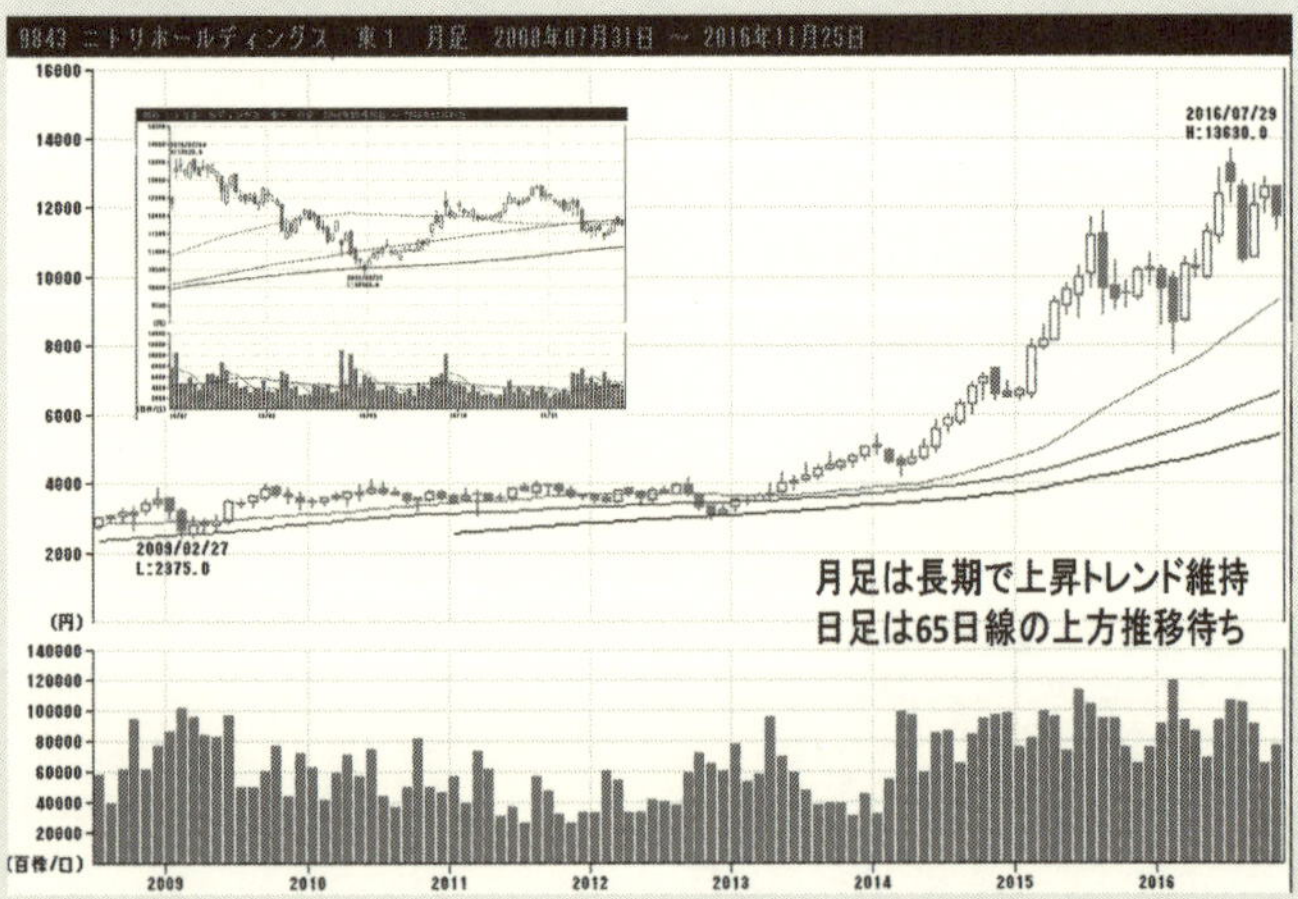

17位

中小企業向けネットサービス／広告

GMOインターネット

（東1·9449）

78点

手堅い事業拡張実勢への信頼高く、東南アの展開に期待

近況：
証券、ゲームが不調もネットインフラは個人向けネット接続や決済軸に安定成長続き、広告事業も堅調で全体的には微増収増益。ドメインやEC支援などネットインフラはすべて業界1位と筋肉質で、決済は高成長のGMOペイメントゲートウェイを子会社に抱える。あおぞら銀行とのネット銀行はグループ出資比率5割に引き上げを予定。海外はフィリピン、インドネシアに進出方針でここに大きな期待をもって気長に成長を待ちたい。

コード:9449	業績(単位:百万円)				成長性(増収率=%)		収益性(=%)		
決算期	売上	経常利益	総資産	営業CF	前期比	5期前比	経常利益率	ROA	ROA(CF)
11.12	61,691	7,016	205,055	12,379	38.7	[redacted]	11.4	3.4	6.0
12.12	74,376	9,175	275,960	13,722	20.6	[redacted]	12.3	3.3	5.0
13.12	93,704	10,941	429,762	14,156	26.0	[redacted]	11.7	2.5	3.3
14.12	109,368	12,734	483,367	14,509	16.7	186.3	11.6	2.6	3.0
15.12	126,337	14,857	554,626	-12,624	15.5	184.0	11.8	2.7	-2.3
(会予)16.12	135,000	16,500	N/A	N/A	6.9	118.8	12.2	3.0	N/A

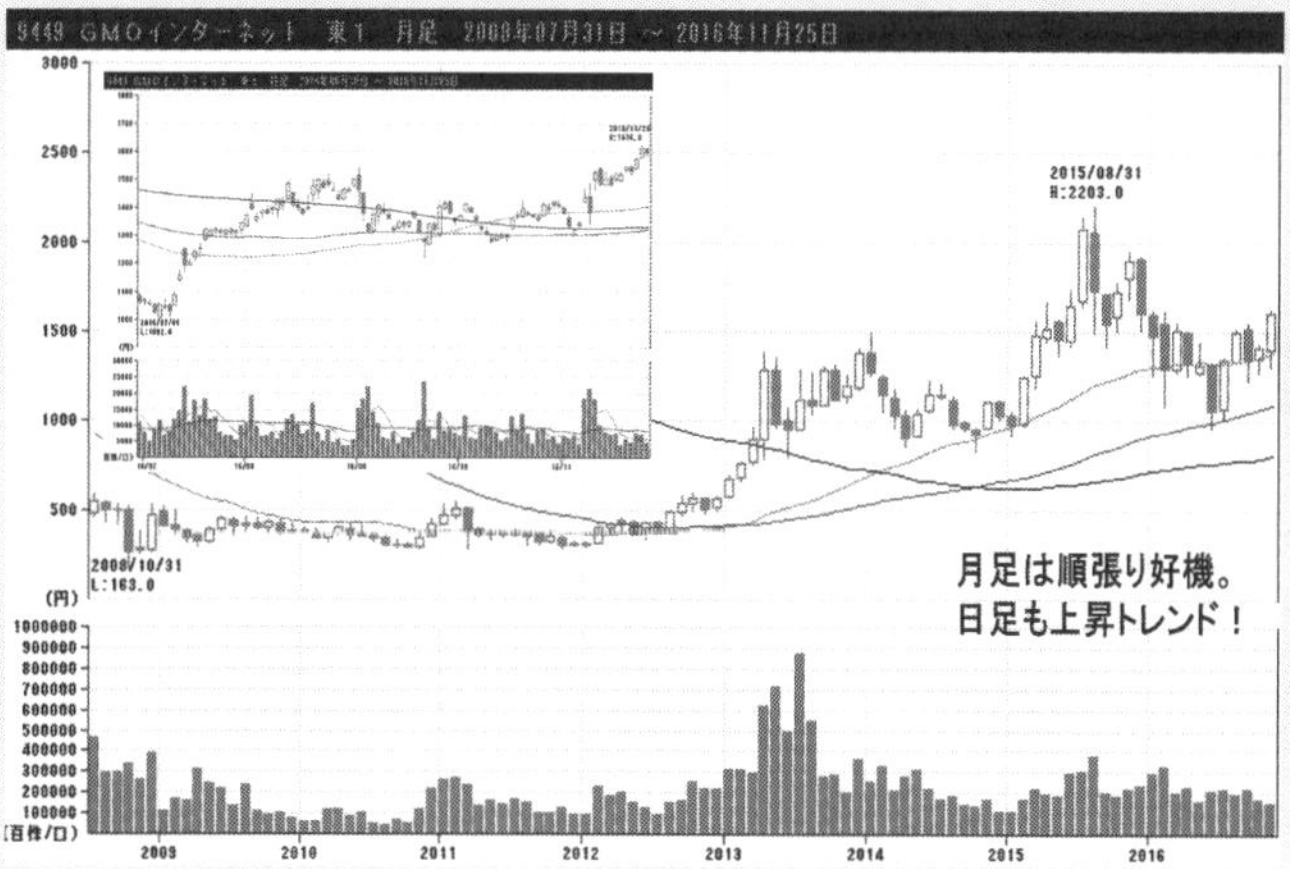

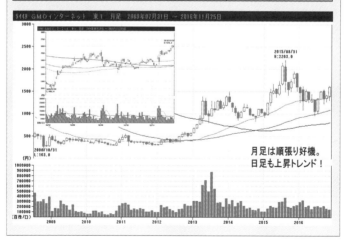

ネット成果報酬型サービス

18位 レントラックス

（東M・6045）

77点

16年11月にジャカルタ駐在所設立で東南アジアへ攻勢開始

近況：

柱の金融、自動車買い取り業向け成果報酬型広告は伸び持続、加えて2月に譲受したスマホ広告ネットワーク『ゲームフィート』も上乗せし増益、配当開始。エステ・士業関連も好調。検索連動型広告代行は大口客解約の影響を受けるも人員増強、不動産売却一括査定サービス等の新広告主が急成長する。17年3月末までに7万株、4200万円上限に自己株取得予定。クローズド型で抱えるメディアの質がいいらしい。

コード：6045	業績（単位：百万円）				成長性（増収率=%）		収益性（=%）		
決算期	売上	経常利益	総資産	営業CF	前期比	5期前比	経常利益率	ROA	ROA(CF)
12.3	713	70	242	N/A	53.3		9.8	28.9	N/A
13.3	924	26	397	65	29.6		2.8	6.5	16.4
14.3	2,127	156	745	182	130.2		7.3	20.9	24.4
15.3	3,625	269	1,210	317	70.4	520.7	7.4	22.2	26.2
16.3	6,313	468	2,179	62	74.2	1257.6	7.4	21.5	2.8
（会予）17.3	7,878	556	N/A	N/A	24.8	1004.9	7.1	25.5	N/A

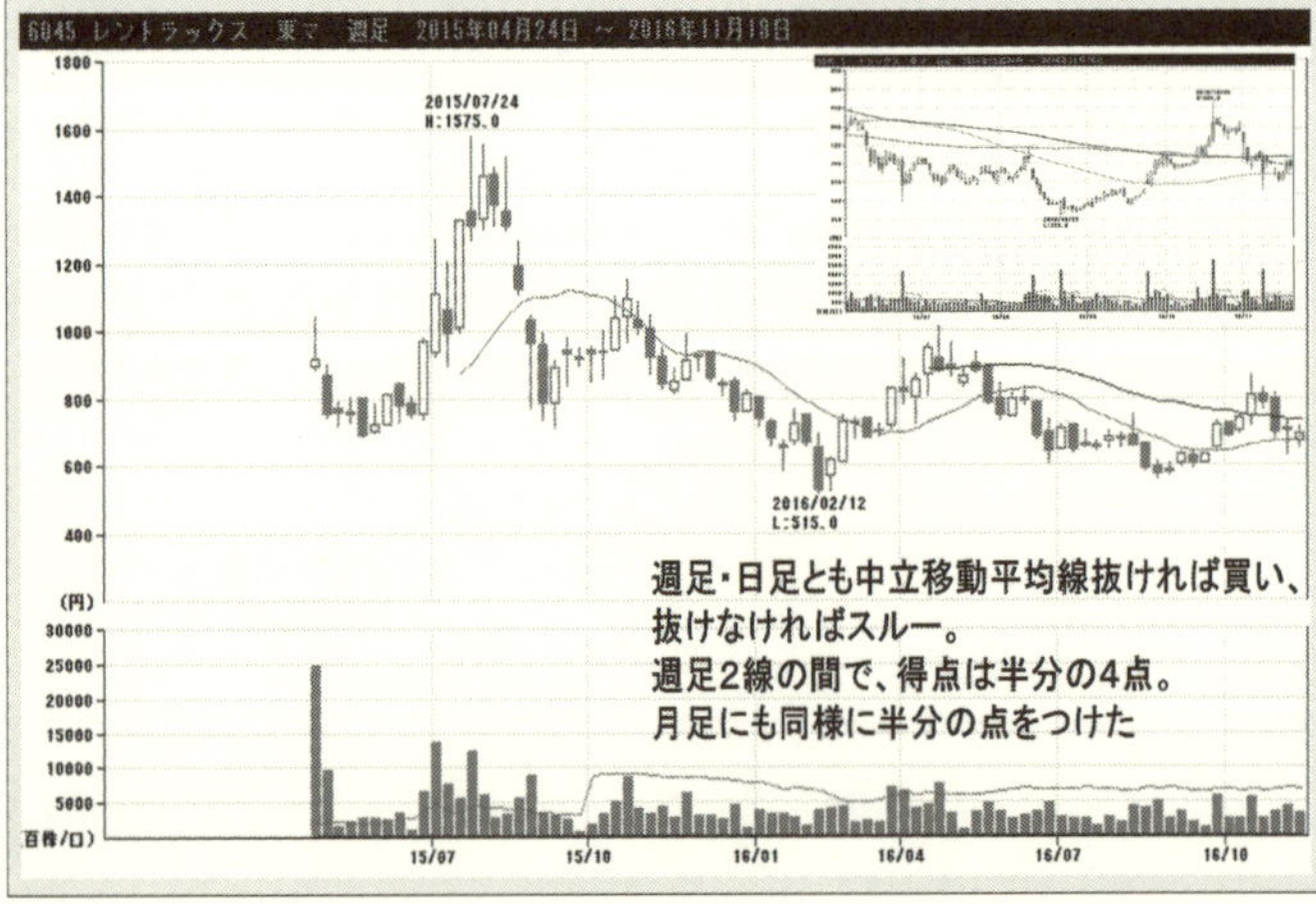

19位

食品、飲食等の店舗企画、設計、施工

ラックランド
（東1・9612）

77点

東南アジアで広がる日本外食を支える陰の事業を展開

近況：
スーパーマーケット関連が停滞するも、商業施設や食品工場含めフードシステム関連や店舗メンテナンスが順調。人件費増でも内製化拡充も効き最高益へ。 17年12月期は物流施設はじめ新規案件が寄与する。冷凍冷蔵技術をベースに食品・物流設備需要を深掘り、シンガポールで日本食フードタウン事業の店舗施工に参画。ベトナム、インドネシアでの展開にも期待。

コード：9612	業績（単位：百万円）				成長性（増収率=%）		収益性（=%）		
決算期	売上	税引前利益	総資産	営業CF	前期比	5期前比	経常利益率	ROA	ROA(CF)
12.3	15,766	259	9,694	772	15.0	[redacted]	1.6	2.7	8.0
13.3	18,934	329	10,383	451	20.1	[redacted]	1.7	3.2	4.3
14.3	21,114	582	13,498	817	11.5	[redacted]	2.8	4.3	6.1
15.3	25,144	650	14,769	478	19.1	99.4	2.6	4.4	3.2
16.3	29,706	755	19,802	-19	18.1	116.6	2.5	3.8	-0.1
(会予)17.3	32,000	1,000	N/A	N/A	7.7	103.0	3.1	5.0	N/A

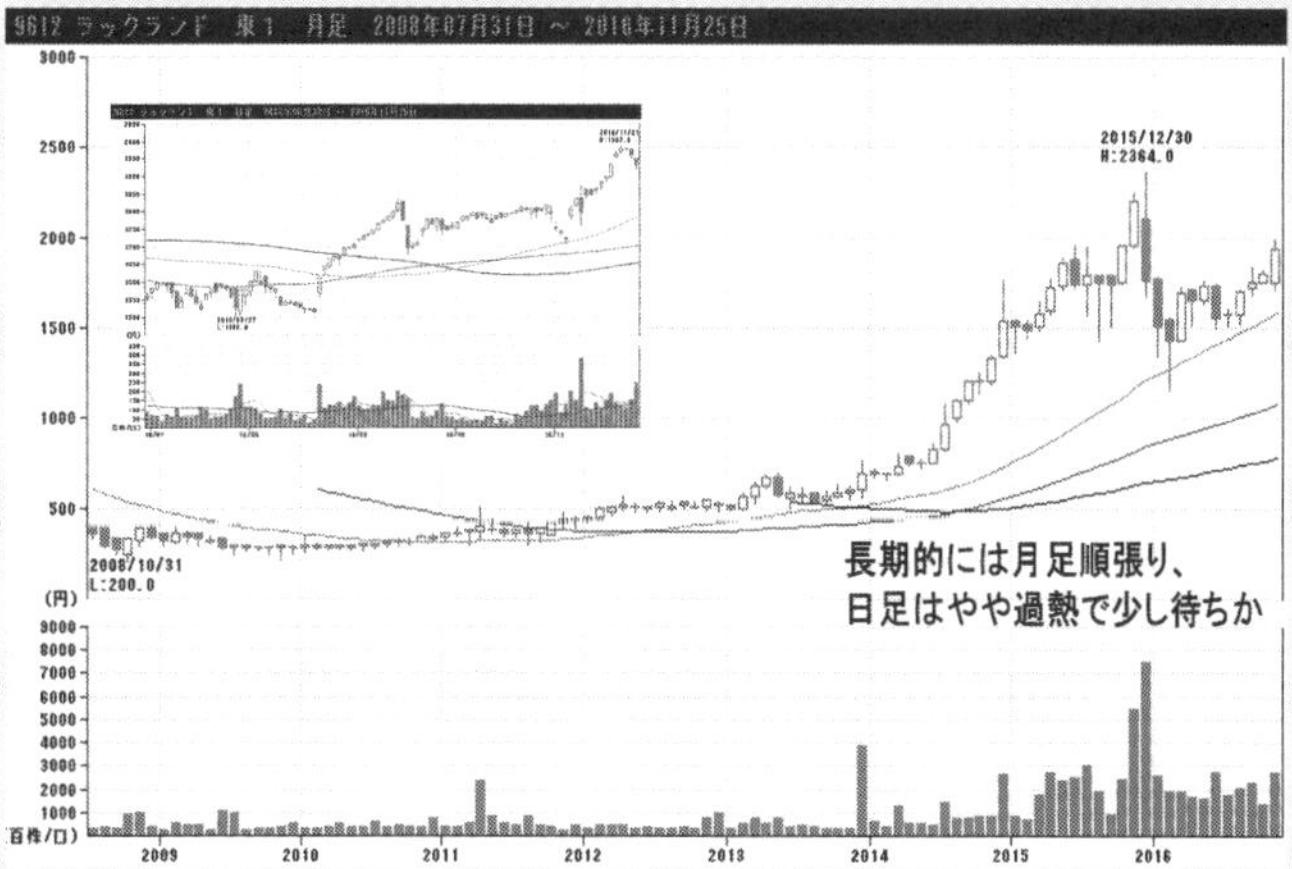

独立系電気工事の大手

20位 サンテック

（東2・1960）

76点

海外設備工事のリーディングカンパニーとして東南アジアで飛躍

近況：

中国新興国の減速と円高で業績下方修正による営業益前期比11.1%減。東京五輪関連など、受注（前期484億円）続伸。完工は国内が伸展も赤字工事等の影響が響く。海外は中国低調だが、東南アジアが伸び支える。許認可取得済みのバングラデシュ支店はテロ事件で開設遅れたが、営業開始へ。民間工事に加え、ODA関連も狙うために拠点強化。東南アジアでの事業拡大に力を入れる。

コード：1960	業績（単位：百万円）				成長性（増収率=%）		収益性(=%)		
決算期	売上	経常利益	総資産	営業CF	前期比	5期前比	経常利益率	ROA	ROA(CF)
12.3	29,846	−315	38,384	−1,246	6.3		−1.1	−0.8	−3.2
13.3	33,126	861	40,670	2,116	11.0		2.6	2.1	5.2
14.3	38,019	2,033	40,985	1,165	14.8		5.3	5.0	2.8
15.3	40,319	1,668	44,066	−2,198	6.0	37.2	4.1	3.8	−5.0
16.3	44,782	1,422	45,148	519	11.1	59.5	3.2	3.1	1.1
(会予)17.3	48,000	1,300	N/A	N/A	7.2	26.3	2.7	2.9	N/A

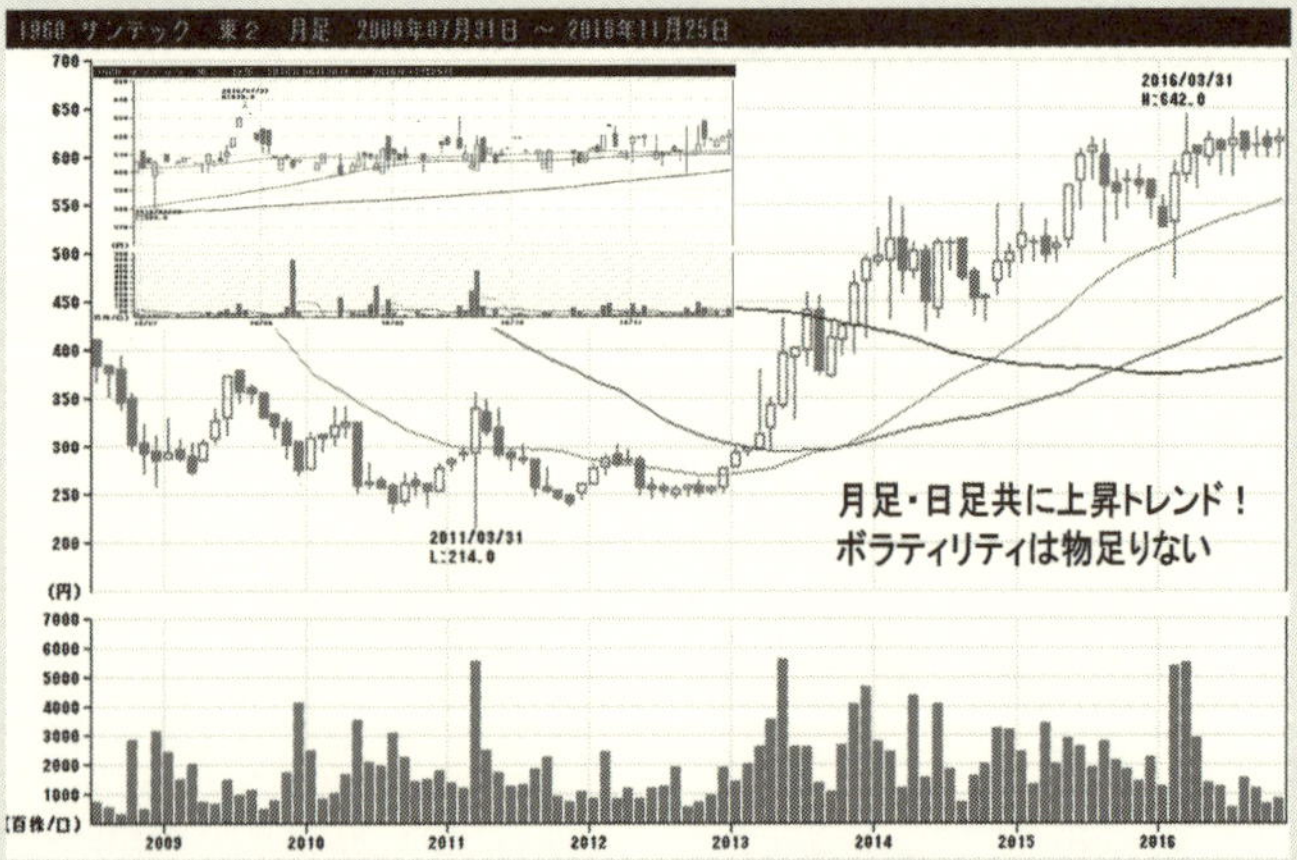

包あん成形機や製パン機が主力

21位 レオン自動機

（東1・6272）

76点

東南アジア圏で圧倒的なブランド力を保有

近況：
食品成形機は国内で対前年同四半期13.8%のプラス。欧米では現地通貨ベースでそれぞれ米で1.7%、欧州で5.7%増加も円ベースでは急な円高で2ケタ減。それでも大規模顧客中心から徐々に中小業者も開拓で裾野拡大。アジアでは伸びが顕著、新工場稼働の北米中心に製パン事業も拡大。国内では天然酵母パン種の引き合い強く、また省人化等の後付け機能製品を既存顧客に積極的に売り込む。

コード:6272	業績（単位：百万円）				成長性（増収率=%）		収益性(=%)		
決算期	売上	経常利益	総資産	営業CF	前期比	5期前比	経常利益率	ROA	ROA(CF)
12.3	17,464	1,129	22,135	1,895	1.1	[redacted]	6.5	5.1	8.6
13.3	17,162	993	21,180	1,641	−1.7	[redacted]	5.8	4.7	7.7
14.3	21,284	2,118	22,538	2,797	24.0	[redacted]	10.0	9.4	12.4
15.3	23,023	2,321	26,682	2,595	8.2	42.0	10.1	8.7	9.7
16.3	25,100	2,520	25,771	3,200	9.0	45.3	10.0	9.8	12.4
(会予)17.3	24,900	2,570	N/A	N/A	−0.8	42.6	10.3	10.0	N/A

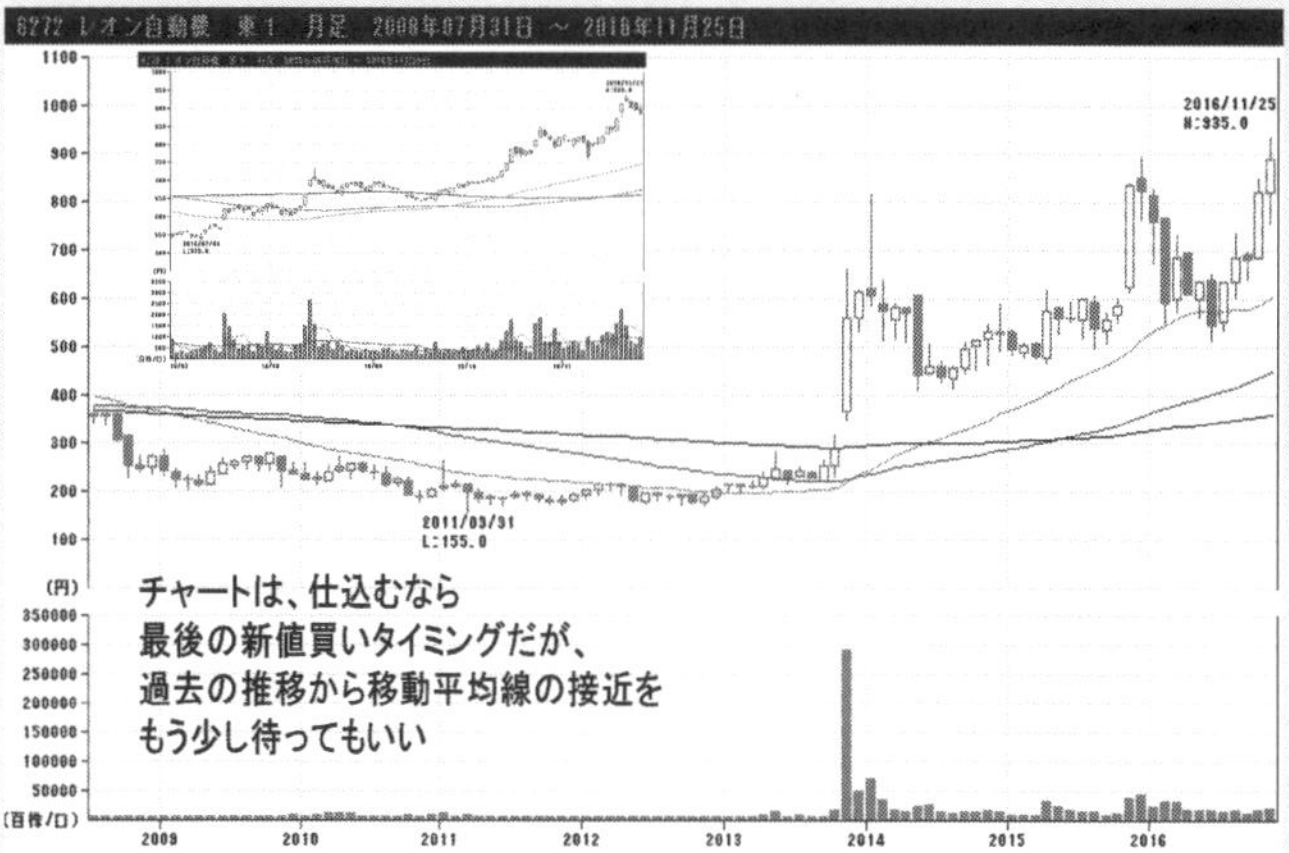

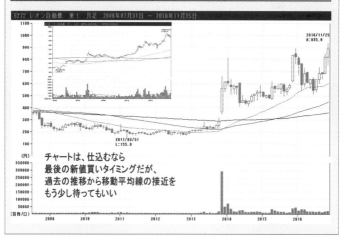

航空機の比較予約サイト

22位 アドベンチャー

（東M・6030）

76点

ワクワクさせてくれる2030年1兆円企業を掲げる大風呂敷

近況：

20・30代の顧客がメインなのが魅力。また、スマホアプリ開発への注力もいい感じ。国内外旅行検索サイトからの流入やアプリ利用者が増え、航空券予約サイト『スカイチケット』の手数料収入拡大、加えて保険やレンタカーなど、非航空券の予約利用も上乗せし営業益続伸、増配も。子会社スグヤクが16年8月に歯科医院の予約サイトを開設。海外レンタルWi-Fiや海外レストラン予約への参入などサービスを拡大。Web18カ国言語対応、コールセンターも4カ国語に対応でインバウンド需要の取り込みを図る。

コード:6030	業績(単位:百万円)				成長性(増収率=%)		収益性(=%)		
決算期	売上	経常利益	総資産	営業CF	前期比	5期前比	経常利益率	ROA	ROA(CF)
12.6	204	-6	275	N/A	-6.0		-2.9	-2.2	N/A
13.6	635	-8	371	-17	211.3		-1.3	-2.2	-4.6
14.6	893	25	371	23	40.6		2.8	6.7	6.2
15.6	1,510	148	1,903	-74	69.1	331.4	9.8	7.8	-3.9
16.6	2,683	276	2,559	736	77.7	1136.4	10.3	10.8	28.8
(会予)17.6	3,500	400	N/A	N/A	30.5	1615.7	11.4	15.6	N/A

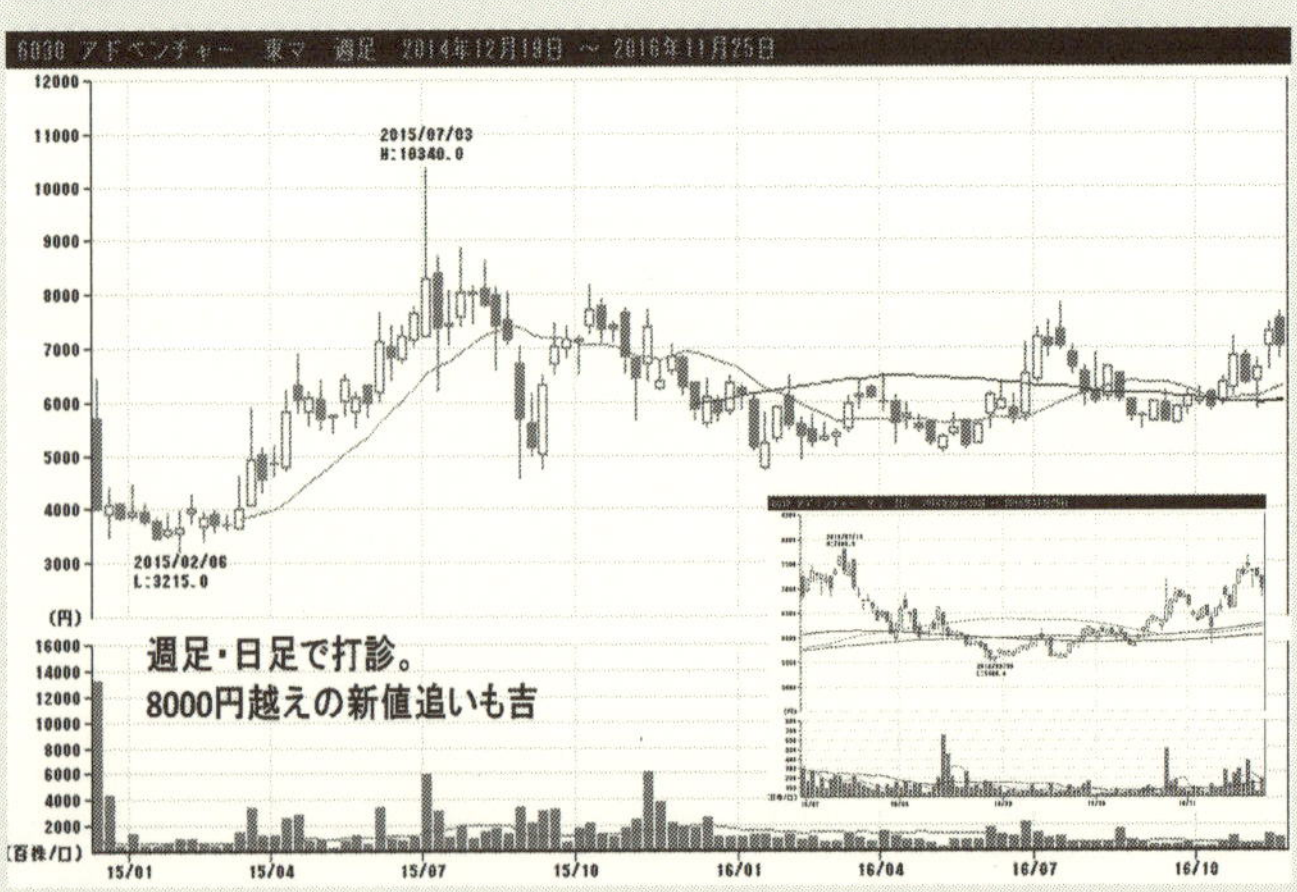

23位

人材紹介業の準大手

JACリクルートメント
（東1·2124）

75点

日系企業のグローバル化の恩恵と質への追求が高成長を支える

近況：
企業の求人意欲追い風に業績好調。高額案件に対応できる優秀な人材確保、教育に注力。業績は増収増益。また経費が設定下回り業績上方修正。7月に7番目の拠点となる静岡支店開設。積極採用実施。人材紹介は日系企業の海外案件軸に高成長続く自動車関連軸に海外進出、新事業参入需要にも対応。高額案件にシフト、成約率上昇で採算向上も。「結果」「マーケット」「上質な仕事」の3つの「質」に重点を置き、「量」を伴い向上させ顧客満足度と生産性向上図る経営姿勢に好感。

コード：2124	業績（単位：百万円）				成長性（増収率=%）		収益性（=%）		
決算期	売上	経常利益	総資産	営業CF	前期比	5期前比	経常利益率	ROA	ROA(CF)
11.12	4,985	793	3,269	879	16.6		15.9	24.3	26.9
12.12	6,115	1,376	4,466	1,348	22.7		22.5	30.8	30.2
13.12	7,179	2,021	5,660	1,156	17.4		28.2	35.7	20.4
14.12	9,279	2,666	7,715	2,261	29.3	119.3	28.7	34.6	29.3
15.12	11,200	3,525	9,233	2,562	20.7	162.0	31.5	38.2	27.7
(会予)16.12	13,737	4,722	N/A	N/A	22.7	175.6	34.4	51.1	N/A

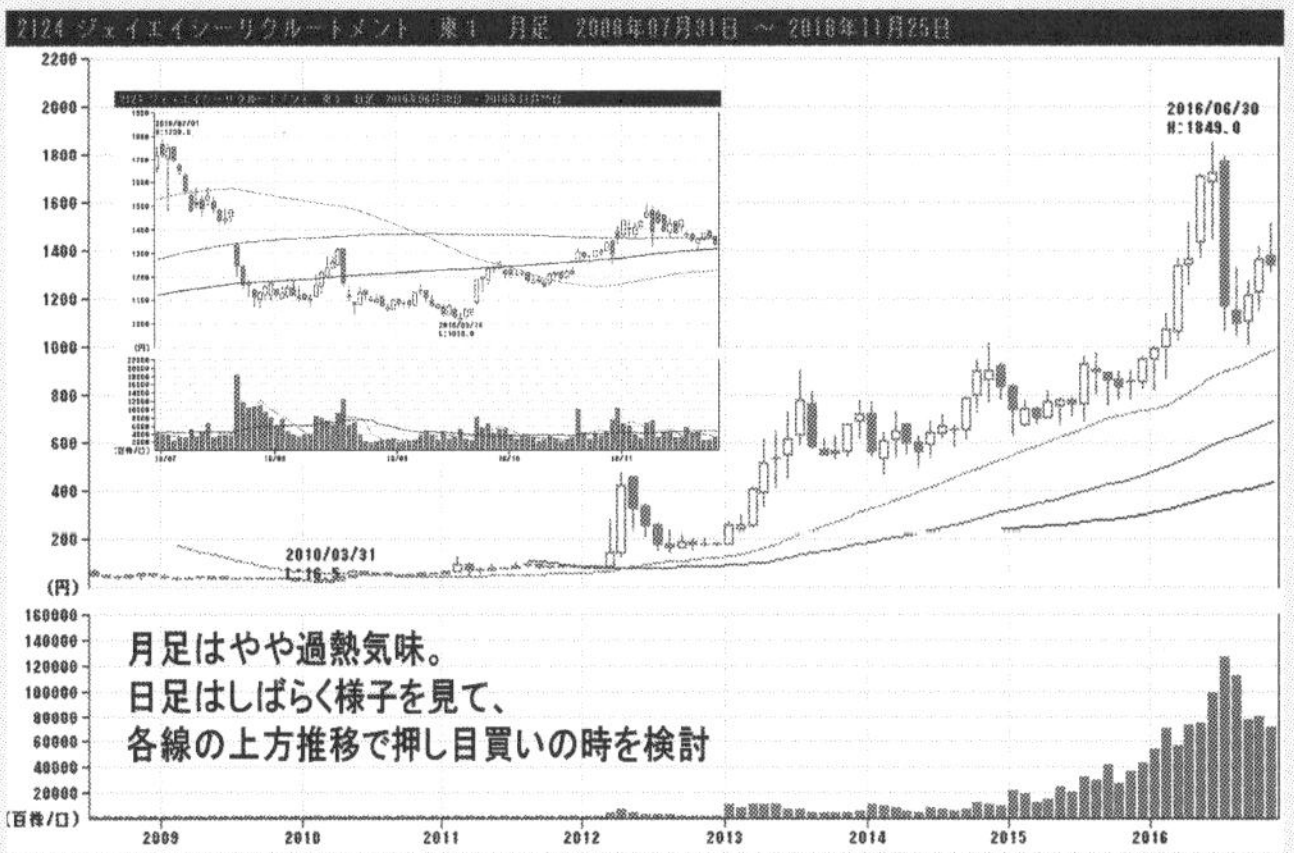

24位

ECサイト『スーパーデリバリー』運営

ラクーン

（東1·3031）

74点

台湾·香港で5000件の越境ECサービスが北米·豪でも拡大へ

近況：

主力の「スーパーデリバリー」は顧客ターゲット拡大で流通量増、事業効率化に着手。客単価、流通量増により増収も経費負担増で減益。与信管理·代金回収業務代行の「Paid事業」は認知度向上·顧客獲得のための投資負担が響き増収も減益となる。売掛債権保証事業は、事業用家賃保証サービスが順調に保証残高増加するも売掛保証サービスの保証残高減。保証履行減少による原価率改善で増益。全体は増収増益。

コード:3031	業績(単位:百万円)				成長性(増収率=%)		収益性(=%)		
決算期	売上	経常利益	総資産	営業CF	前期比	5期前比	経常利益率	ROA	ROA(CF)
12.4	1,613	133	2,628	89	16.8		8.2	5.1	3.4
13.4	1,806	176	2,837	301	12.0		9.7	6.2	10.6
14.4	1,932	248	3,228	95	7.0		12.8	7.7	2.9
15.4	2,056	327	4,327	1,016	6.4	54.0	15.9	7.6	23.5
16.4	2,229	367	4,969	398	8.4	61.4	16.5	7.4	8.0
(会予)17.4	2,500	420	N/A	N/A	12.2	55.0	16.8	8.5	N/A

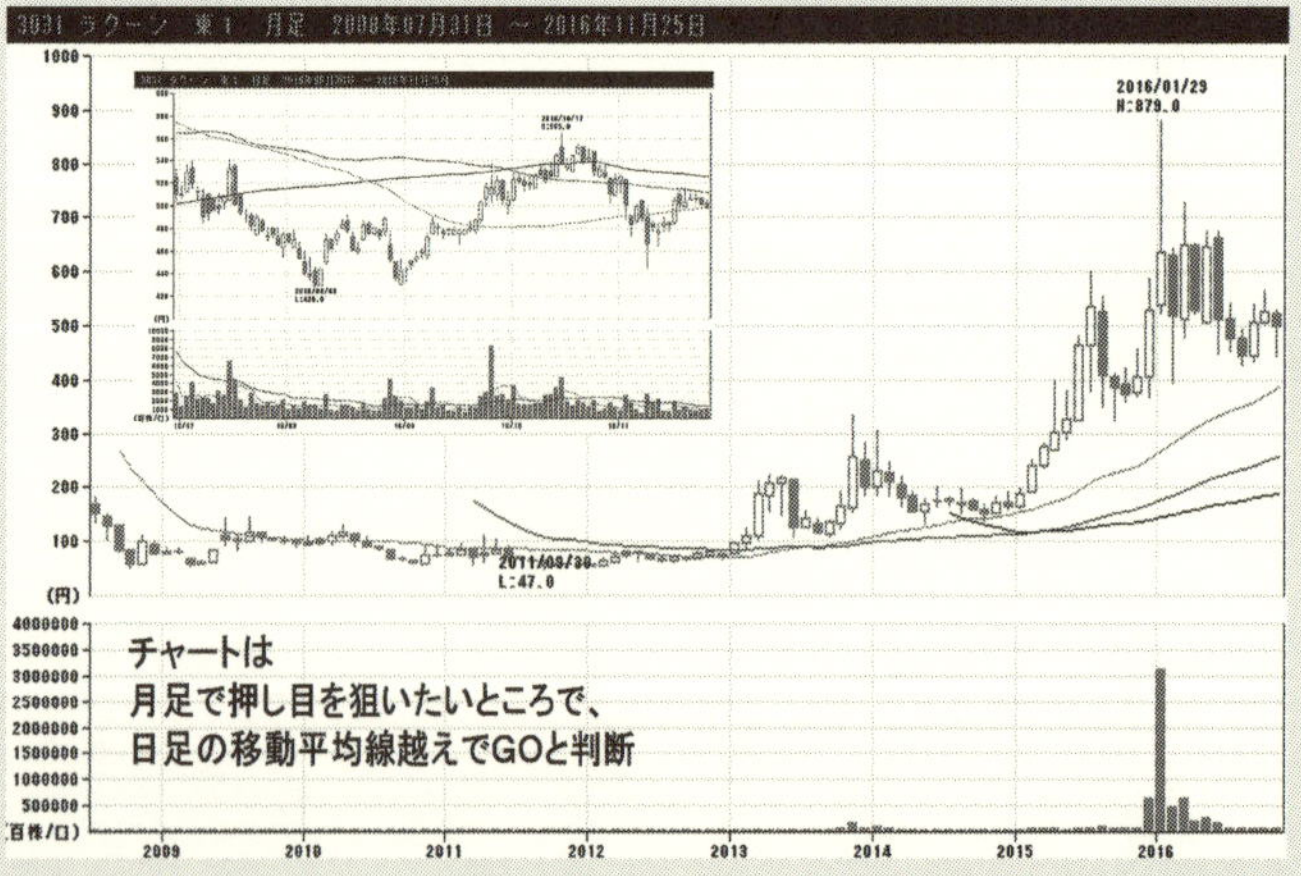

25位

賃貸住宅入居者向けサービス提供

アクトコール
（東M・6064）

74点

盟友ベトナムに16年8月日本語学校設立で応援したくなった

近況：

新規顧客獲得・新規事業推進に積極的。住生活関連総合アウトソーシング事業は、主力の緊急駆けつけ等会員制サービスでエネルギー業界の新たなチャネル販売に注力。コールセンターサービスは順調で増収・大幅増益。不動産総合ソリューション事業は品川でのサブリース事業が順調推移も、不動産プロジェクト進行遅延・フランチャイズ本部業務の費用先行など、増収減益。決算ソリューション事業は堅調で増収増益。連結子会社増に伴い設けた「その他事業（飲食・音楽・AI）」も展開。全体として増収減益。

コード:6064	業績(単位:百万円)				成長性(増収率=%)		収益性(=%)		
決算期	売上	経常利益	総資産	営業CF	前期比	5期前比	経常利益率	ROA	ROA(CF)
11.11	1,415	134	1,762	265	25.2	[redacted]	9.5	7.6	15.0
12.11	1,720	276	1,948	21	21.6	[redacted]	16.0	14.2	1.1
13.11	1,956	72	3,337	-315	13.7	[redacted]	3.7	2.2	-9.4
14.11	2,815	73	4,567	-295	43.9	302.7	2.6	1.6	-6.5
15.11	3,583	569	6,365	-500	27.3	217.1	15.9	8.9	-7.9
(会予)16.11	3,857	406	N/A	N/A	7.6	172.6	10.5	6.4	N/A

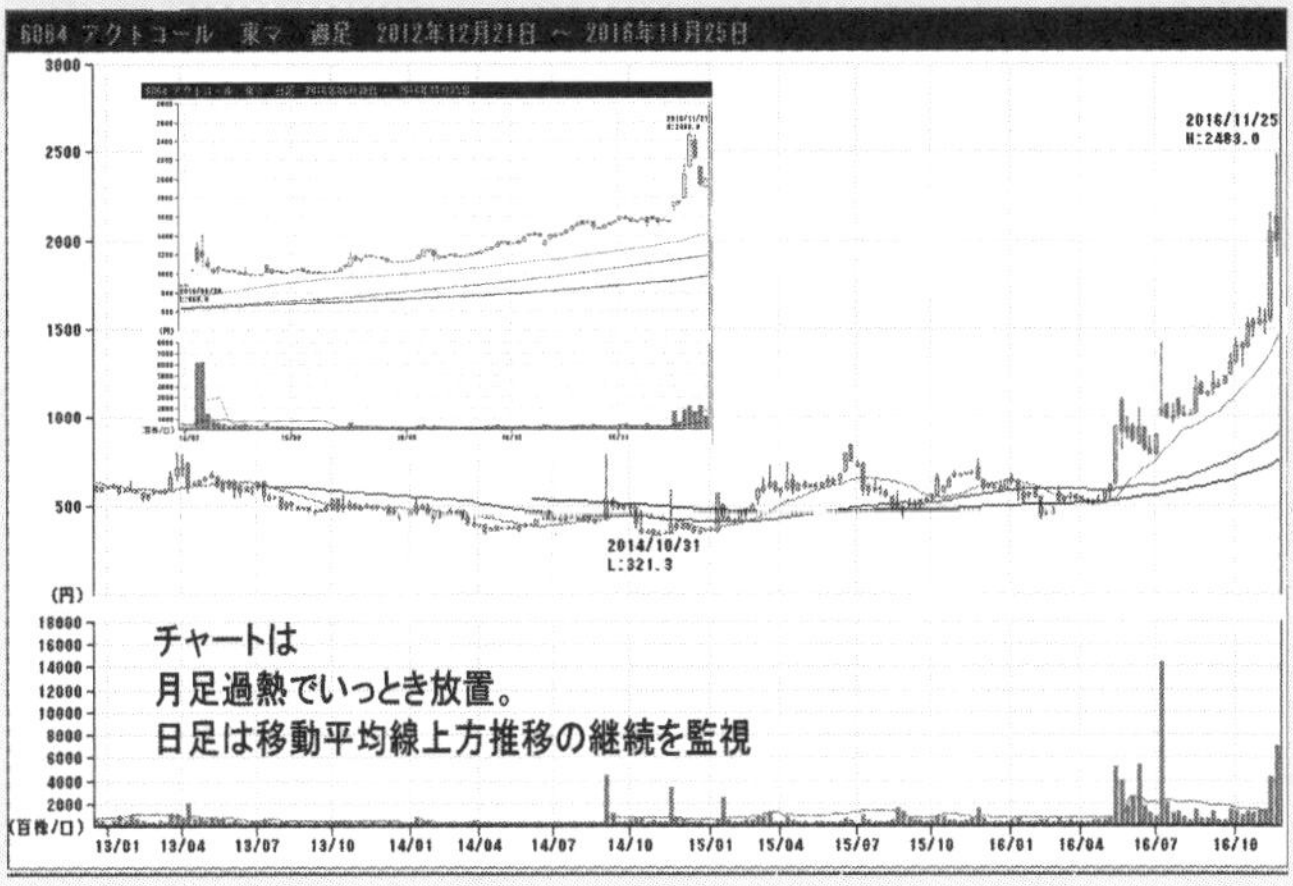

衛生陶器シェア6割

26位 TOTO

（東1・5332）

74点

モディノミクスのクリーン・インディアで巨大企業から超巨大企業へ

近況：

中間決算は減収減益・業績下方修正。為替影響を除けば増収増益。足元の円安は追い風。グローバル住設事業はリモデル・新築分野とも国内伸長。特にウォシュレット一体型便器やユニットバスが順調。売上過去最高。中国は為替影響で減収減益・アジア・オセアニアではベトナム・タイでの生産体制充実・新興市場強化。高級ブランド化定着。海外ウォシュレット販売実績は12年比2.5倍超見込み。新事業ではセラミック事業好調で増収、利益改善も円高により一転減益。環境建材事業は着工件数減少で減収。

コード:5332	業績（単位：百万円）				成長性（増収率=%）		収益性（=%）		
決算期	売上	経常利益	総資産	営業CF	前期比	5期前比	経常利益率	ROA	ROA(CF)
12.3	452,686	19,536	377,072	19,678	4.4		4.3	5.2	5.2
13.3	476,275	26,078	408,454	44,498	5.2		5.5	6.4	10.9
14.3	553,448	50,411	476,287	48,015	16.2		9.1	10.6	10.1
15.3	544,509	39,662	516,995	34,713	-1.6	29.1	7.3	7.7	6.7
16.3	567,889	46,764	536,265	58,695	4.3	31.0	8.2	8.7	10.9
(会予)17.3	570,000	47,500	N/A	N/A	0.4	25.9	8.3	8.3	N/A

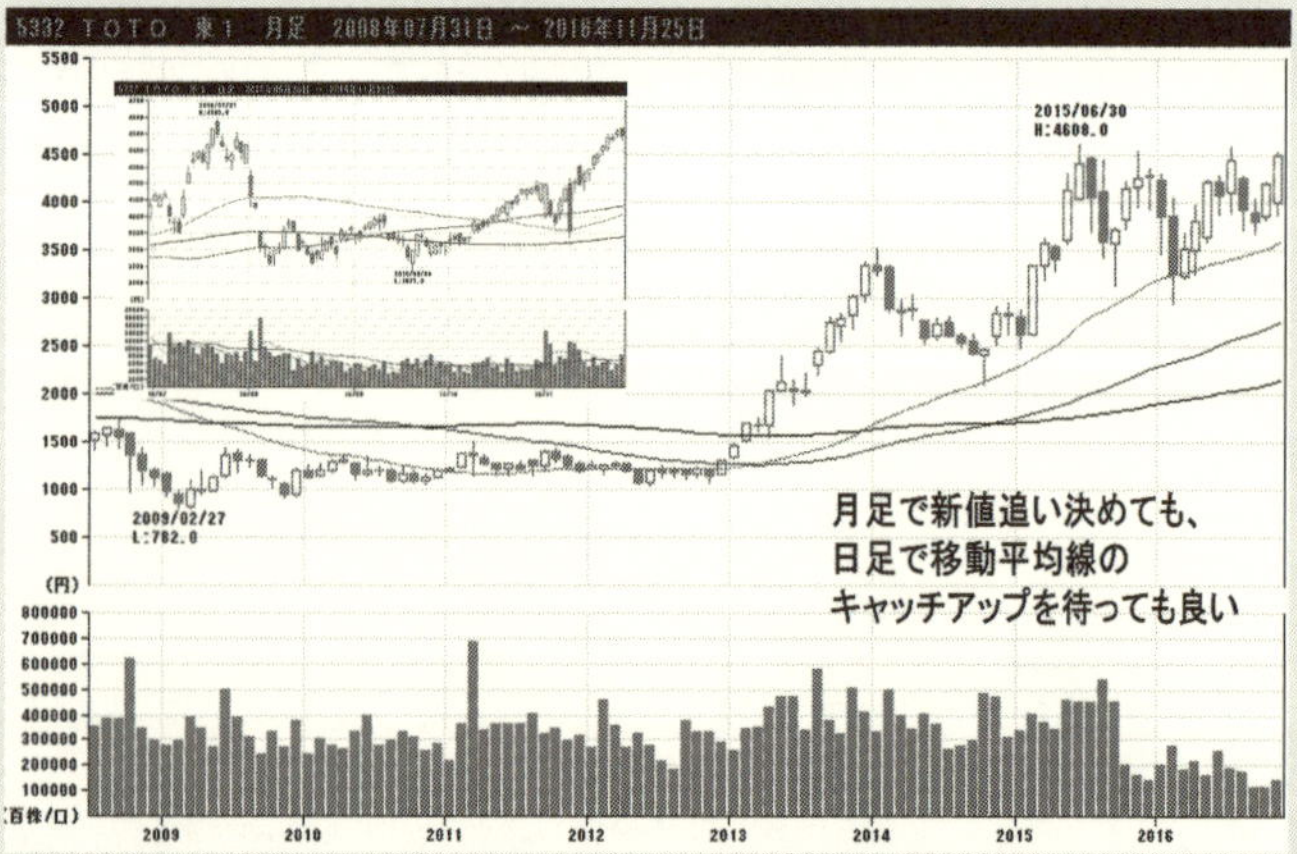

27位

製造業の構内請負、派遣、人材紹介

平山
(JQ·7781)

73点

タイ人材派遣が好調で、フィリピン、インドネシアへの拡張に期待

近況：
インソーシング・派遣事業は輸送用機器などからの受注堅調だが一人当たりのコスト増、人材確保が難しいなど厳しい状況続き増収確保するも収益悪化。技術者派遣は受注好調だが採用活動に苦戦、広告費増などが響き減収減益。コンサルティング案件が国内外ともに旺盛で増員し対応するも、スタディーツアー事業は英国のEC離脱による円高を懸念し、ツアーが延期・キャンセルが発生し減収減益。海外堅調推移。全体として増収減益。前期買収のタイ人材派遣が通期売上貢献。

コード:7781	業績(単位:百万円)				成長性(増収率=%)		収益性(=%)		
決算期	売上	経常利益	総資産	営業CF	前期比	5期前比	経常利益率	ROA	ROA(CF)
12.6	5,787	96	2,419	N/A	4.8		1.7	4.0	N/A
13.6	7,421	314	3,166	328	28.2		4.2	9.9	10.4
14.6	8,250	325	4,039	258	11.2		3.9	8.0	6.4
15.6	8,995	380	4,073	317	9.0	67.3	4.2	9.3	7.8
16.6	9,747	64	4,490	-160	8.4	76.5	0.7	1.4	-3.6
(会予)17.6	11,963	244	N/A	N/A	22.7	106.7	2.0	5.4	N/A

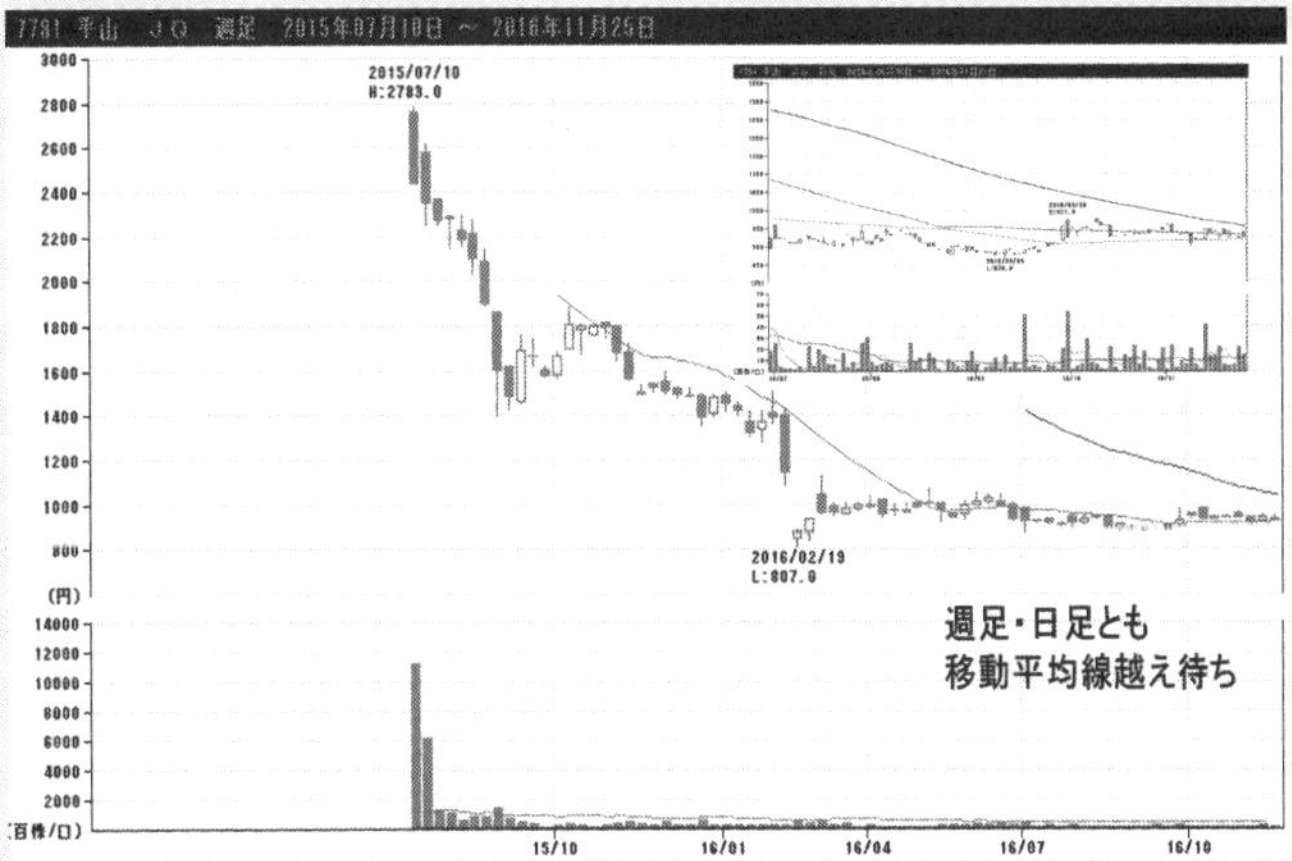

28位

回転ずし店『くら寿司』

くらコーポレーション
（東1·2695）

72点

台湾で圧倒的な人気に驚き北米での事業拡張も期待の成長要因

近況：
国内で新規12店舗出店（1店舗閉鎖）、米国で10店舗目をテキサス州に初出店。衛生面で徹底的な取り組み。新商品積極投入、「すしやのシャリカレー」シリーズ、「シャリコーラ」など好調。人気寿司ネタの「フグ」「かに」「熟成まぐろ」の極上ネタを提供するフェアを毎月定期的に開催。アニメ「ワンピース」とタイアップしキャンペーン実施。米国既存店も日本式システム導入店舗に改装。売上大幅増。増収増益。

コード:2695	業績（単位：百万円）				成長性（増収率=%）		収益性（=%）		
決算期	売上	税引前利益	総資産	営業CF	前期比	5期前比	経常利益率	ROA	ROA(CF)
11.10	74,430	3,563	30,630	3,751	5.2		4.8	11.6	12.2
12.10	78,971	4,070	33,344	5,982	6.1		5.2	12.2	17.9
13.10	88,144	4,452	36,479	6,178	11.6		5.1	12.2	16.9
14.10	96,938	5,175	38,139	8,443	10.0	49.9	5.3	13.6	22.1
15.10	105,306	6,412	42,057	8,646	8.6	48.8	6.1	15.2	20.6
(会予)16.10	110,028	6,500	N/A	N/A	4.5	47.8	5.9	15.5	N/A

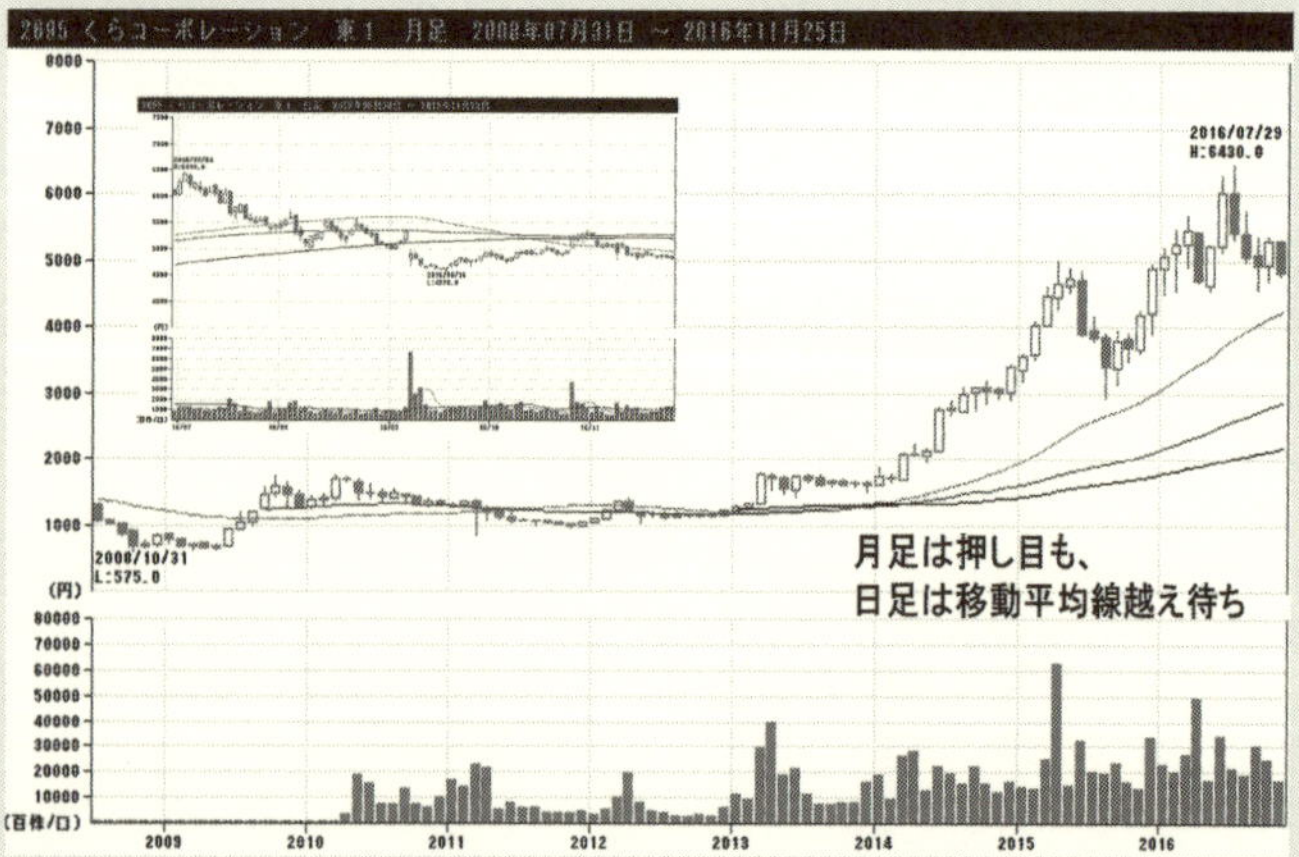

29位

業務用厨房機器大手

ホシザキ電機

(東1·6465)

72点

アジアでの外食広がりと温暖化は世界1位の冷凍冷蔵庫には吉

近況：

目下、業績上方修正で攻勢続く。製氷機は世界でも高シェア。インドでは冷凍冷蔵庫の攻勢をしかける。為替の影響受け米国は減収もアジア・欧州はそれでも増収。いずれも数量は拡大しており直近の円安が追い風。国内は飲食店向けが大手の出店ペースは落ちるが省力化需要根強く、保守修理も堅調。大手と協業し業務用エアコン販売・保守を強化。17年12月期は国内伸び鈍化でも海外攻勢。のれん代も大幅減少し営業増益。

コード:6465	業績(単位:百万円)				成長性(増収率=%)		収益性(=%)		
決算期	売上	経常利益	総資産	営業CF	前期比	5期前比	経常利益率	ROA	ROA(CF)
11.12	169,297	13,750	185,282	12,957	0.0		8.1	7.4	7.0
12.12	178,863	19,768	201,787	16,568	5.7		11.1	9.8	8.2
13.12	205,513	26,349	232,982	20,212	14.9		12.8	11.3	8.7
14.12	233,252	31,235	256,412	22,002	13.5	45.5	13.4	12.2	8.6
15.12	260,174	30,864	273,655	30,424	11.5	53.6	11.9	11.3	11.1
(会予)16.12	265,000	28,600	N/A	N/A	1.9	56.5	10.8	10.5	N/A

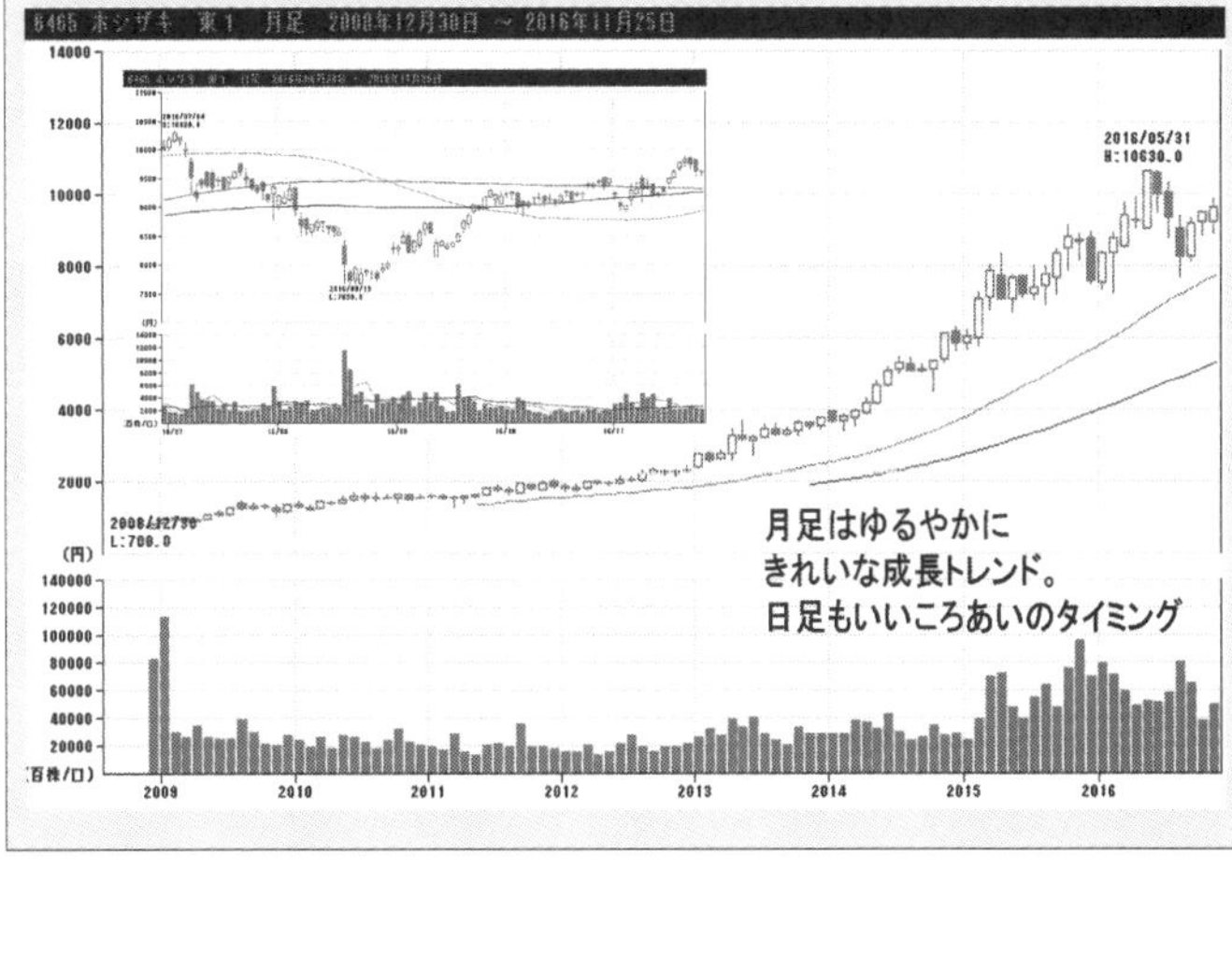

30位

富士通系。エアコン主力

富士通ゼネラル

(東1・6755)

70点

インド＋親日アジアはどこもアツい！ エアコンは売れるのでは？

近況：

電子・情報デバイスの減速が大きく、売上減に下方修正。ただし、空調は欧州で想定以上に好調。また残暑きつかった国内向けも全量海外生産で円高追い風で営業益は増収に。アジア、中国も上向き。インドにおいて小売ルートの販売強化にも長期的には期待したい。ただ、アジア圏ではダイキンの競争力が強靭で、両銘柄を最後は自分目線で選んだほうがいいだろう。連続増配は吉。

コード:6755	業績(単位:百万円)				成長性(増収率=%)		収益性(=%)		
決算期	売上	経常利益	総資産	営業CF	前期比	5期前比	経常利益率	ROA	ROA(CF)
12.3	203,549	9,802	121,486	7,841	11.8	[redacted]	4.8	8.1	6.5
13.3	209,167	20,129	149,182	11,318	2.8	[redacted]	9.6	13.5	7.6
14.3	241,441	20,407	162,421	15,141	15.4	[redacted]	8.5	12.6	9.3
15.3	274,807	27,860	190,522	24,066	13.8	67.4	10.1	14.6	12.6
16.3	280,977	25,889	181,082	23,207	2.2	54.3	9.2	14.3	12.8
(会予)17.3	265,000	22,000	N/A	N/A	-5.7	30.2	8.3	12.1	N/A

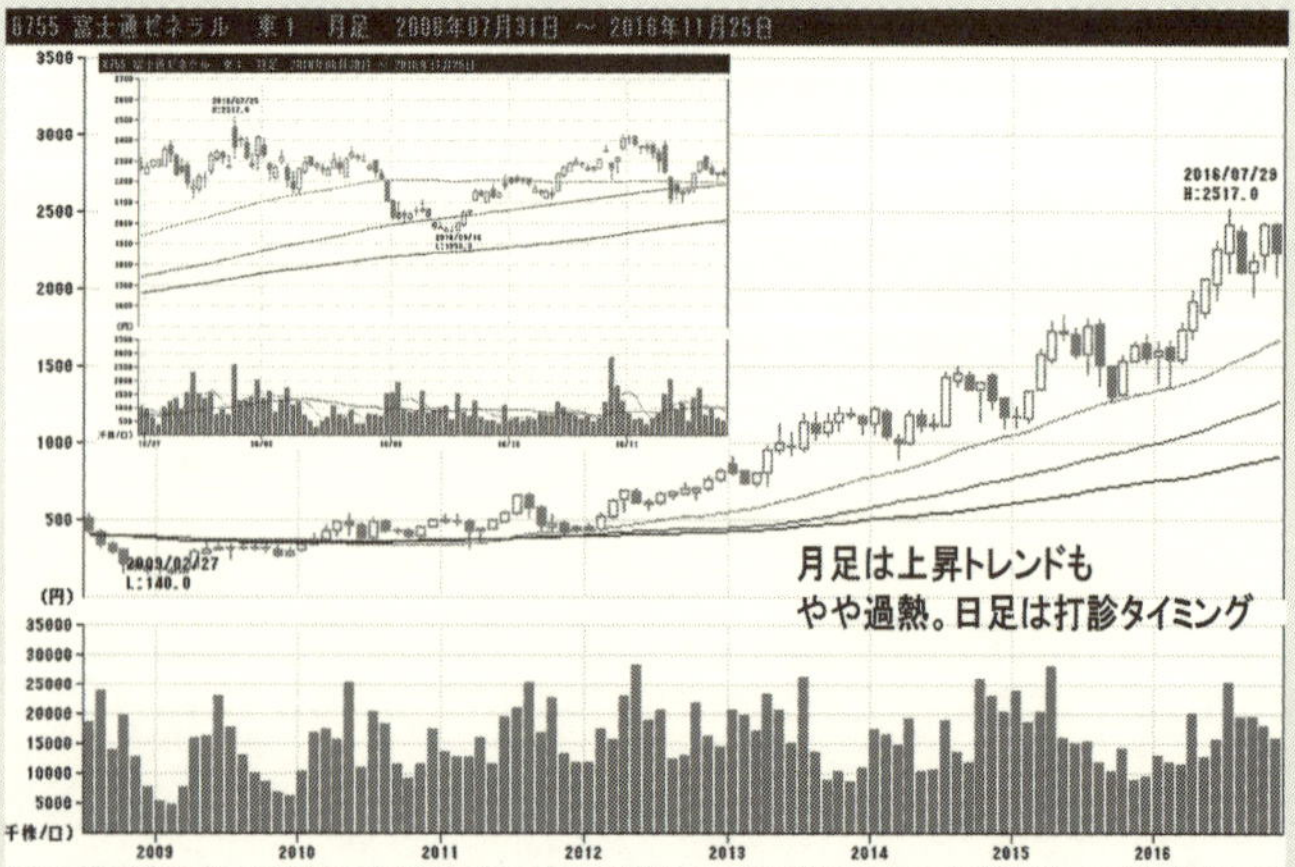

31位 情報インフラ構築とアプリ開発
テクノマトリックス
（東1·3762）

70点

インドのオンライン医療診療サービスベンチャーに資本参加！

近況：
第2四半期過去最高の売上・営業利益・経常利益達成。情報セキュリティ製品好調、省庁入札から自治体、大学、銀行の受注進み採算改善。アプリケーションサービスのストック化も順調に右肩上がり続く。クラウド関連の収益多角化とセキュリティ&セーフティ事業の追求も順調だが、中国でのクラウド事業や時代のトレンドであるIoT分野での経営計画の遅れが気がかり。ベトナムでのオフショア開発の注力は評価したい。ソフトバンクとの遠隔医療も期待。

コード:3762	業績（単位：百万円）				成長性（増収率=%）		収益性（=%）		
決算期	売上	経常利益	総資産	営業CF	前期比	5期前比	経常利益率	ROA	ROA(CF)
12.3	15,279	1,012	11,469	1,311	0.5		6.6	8.8	11.4
13.3	16,731	1,172	12,212	775	9.5		7.0	9.6	6.3
14.3	17,353	1,164	13,170	1,247	3.7		6.7	8.8	9.5
15.3	18,417	1,132	14,227	1,075	6.1	29.3	6.1	8.0	7.6
16.3	20,920	1,420	15,718	1,366	13.6	37.6	6.8	9.0	8.7
(会予)17.3	22,300	1,650	N/A	N/A	6.6	46.0	7.4	10.5	N/A

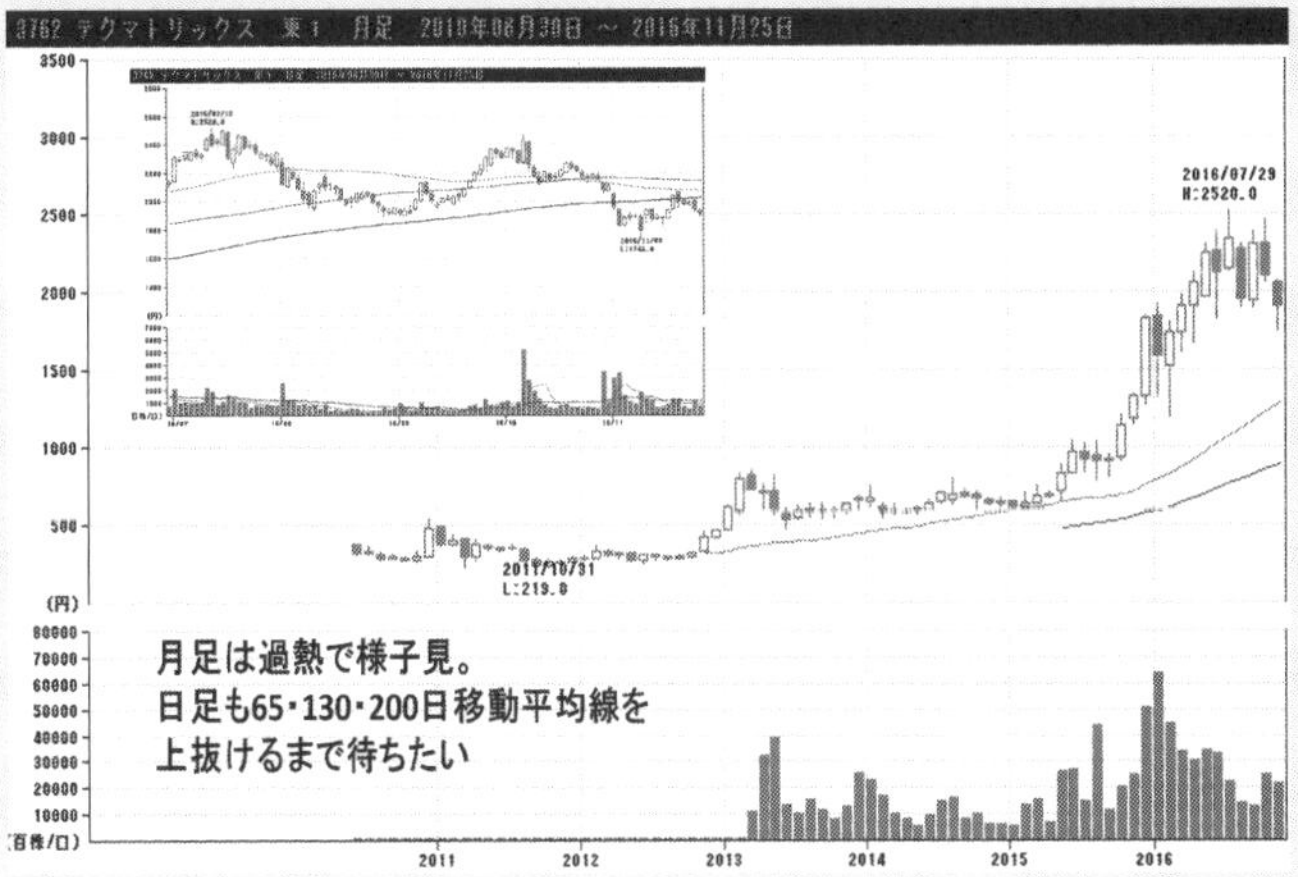

32位

牛丼首位『すき家』が柱

ゼンショー

（東1・7550）

70点

牛丼屋で最も知略的経営と感じる会社で客が若いのがイイ

近況：
新規出店は国内31店舗、海外34店舗の計65店舗。「ココス」などのレストラン事業は苦戦で減収も、「すき家」をはじめとする牛丼事業の新商品・季節限定商品の投入や、「はま寿司」などのファストフード事業が積極的な出店による業容拡大に努めたことで全体として増収保つ。また牛肉価格を中心とした食材仕入コストやエネルギーコストの低減等も増益要因。16年5月にアジア初となるカフェ「すき茶」を併設した「すき家」をジャカルタにあるモール・オブ・インドネシア（MOI）に出店。

コード：7550	業績（単位：百万円）				成長性（増収率=%）		収益性（=%）		
決算期	売上	経常利益	総資産	営業CF	前期比	5期前比	経常利益率	ROA	ROA(CF)
11.12	402,962	19,300	235,981	24,099	8.7		4.8	8.2	10.2
12.12	417,577	13,873	258,509	21,572	3.6		3.3	5.4	8.3
13.12	468,377	7,957	293,192	21,196	12.2		1.7	2.7	7.2
14.12	511,810	2,875	289,467	17,368	9.3	53.2	0.6	1.0	6.0
15.12	525,709	11,380	278,340	25,455	2.7	41.8	2.2	4.1	9.1
(会予)16.12	558,861	16,772	N/A	N/A	6.3	38.7	3.0	6.0	N/A

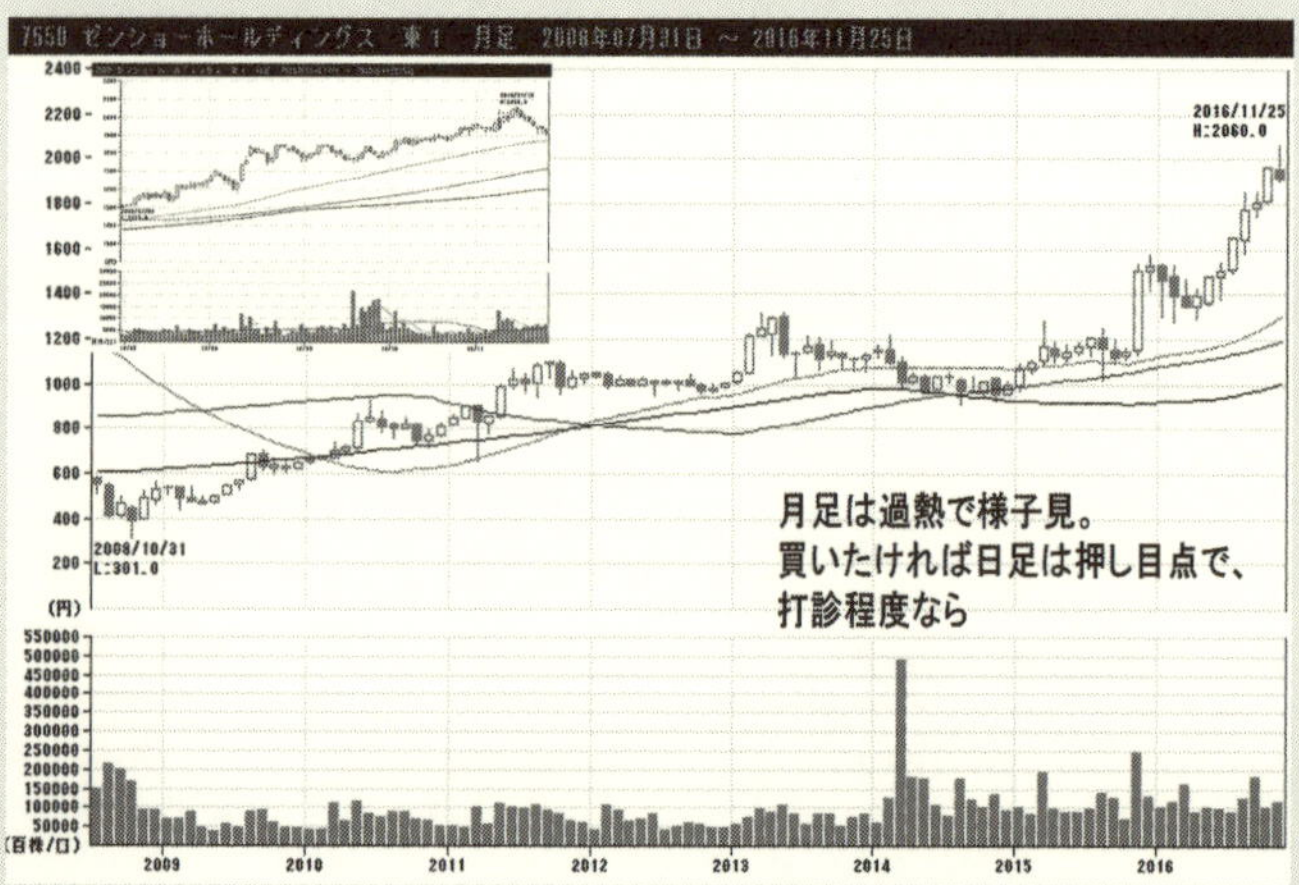

第3章

テンバガー獲得の決め手は、“自分目線”

☆客観（定量）評価のデータに主観（定性）の自分目線を加える

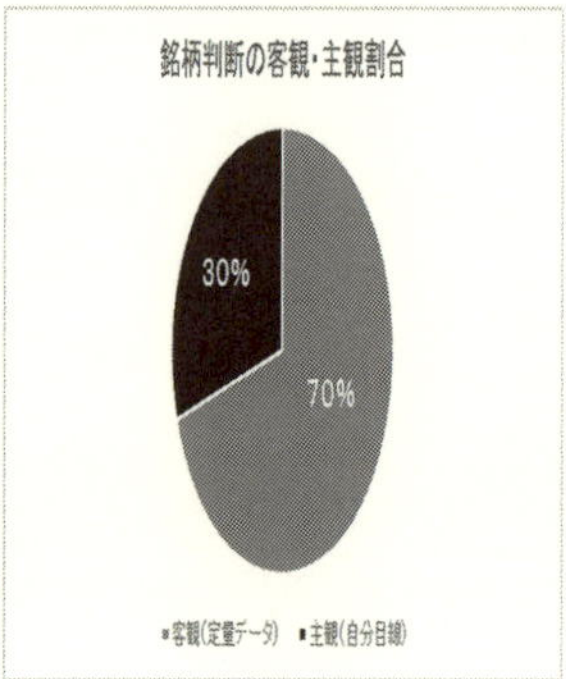

例：ペッパーフードサービス
客観98点×0.7=69点（四捨五入）

その客観得点に、
以下の自分目線の得点を加味し、
最終的な銘柄の得点を判断する

30点（直感でビビット来た＆成長確信）
20点（超高確率で成長を見込む）
10点（高確率で成長を見込む）
5点（おそらく成長するだろう）

この章では、第2章の客観評価98点で第1位を獲得したペッパーフードサービス（FS）と、「はじめに」で10倍株達成をご報告し客観評価でも第3位にランクインしたベクトルの2銘柄に自分目線を加味した評価をモデルケースとして提示する。

上の図の通り、客観得点に0・7をかけて、30点は自分の評価で銘柄を判断する。これは7割を客観評価にすることで、個人投資家の思い込みを避ける狙いがある。そこに、市場がまだ気づいておらず（株価に未反映）、さらには未来の視点で現状の売上がないか低い（業績未反映）視点を加える裁量として、自分目線で最後の3割を加える。この高い客観性と自分の強い銘柄への想いがブレンドすることで、長期保有の原動力につながるのだ。

☆自分目線で銘柄をチェックする重要性と視点

自分目線とは、「自分自身の生活、仕事、人生、社会観を通じてこれから成長していく会社を見つけるためのフィルター」のようなものと考えてもらいたい。

そして、この自分目線で投資先を選ぶことで、おのずと「自分の理解あるいは共感できる事業」の会社に投資をできるようになる。これは投資を成功させる重要な習慣で、市場の暴落で株価が3割安、ついには「半値」になった時に、世の中の大勢の過ちを「ありがたや、ありがたや」と言いながら魅力的な株を買い増す原動力となる。さらには、なんとなく買う時に比べて、リスク（不確実性）を抑えることにもつながる。自分の子どもが通う幼稚園や学校へ見学に行かない親御さんはいないように、自分の子どもともいえるお金を嫁がせる会社のこともよく調べてほしい。

その際、将来その企業がどの程度のキャッシュフローを生み出すか、さらにはその好循環を維持するだけの競争優位性をその企業が持っているかに注目しなければならない。要するに、社会からの「ありがとうであるお金」を生み出して、増やし続けられるかを見極め、持続成長を実現できる「参入障壁や競争優位がある」企業を選ばなければならない。

伸びしろのある会社、またはその伸びしろを創出できる会社は、それだけ社会の役に立つ高い付加価値を世の中に提供している会社で、その会社に投資して共に未来を創るあなたは、もうそれだけで十分社会貢献をしていると思っていい。

自分でイメージした「自分目線の未来に貢献する企業」を投資先に選ぶことで、多少の凸凹はあってもその企業の売上・利益が拡大すればするほど、その業績と連動し株価は上昇して素晴らしいものとなる。この果実を手にしていただくためにも、成長の「伸びしろ」をしっかりと見つけることが大切だ。

そして、その伸びしろの見極めは、投資家のあなたがその会社に支払う価格に比べて価値のある良質な会社のオーナー権を手に入れる重要な要素にもなる。

伸びしろを考えるには「**売上げの拡大余地**」と「**強い儲けのしくみ＝ROA**」を考える。その際の参考になる視点を前著から転載しておく。投資の際には、この2点に「**経営者の経営姿勢**」を加味した3点で分析は十分だろう。

長期投資のための経営・財務分析のポイント

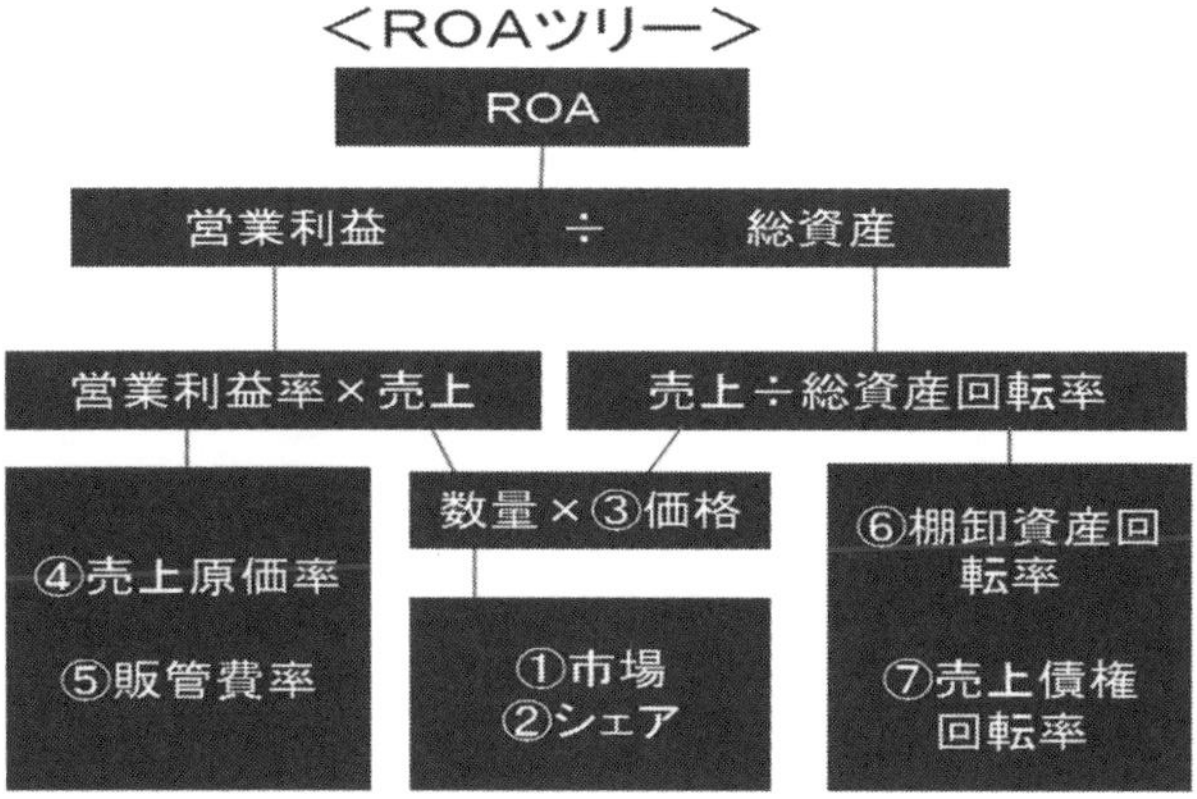

□現在、国内市場が拡大しているか(①)

□今後、国内市場が伸びそうか(①)

□海外市場で拡大できるか(①)

□競合のシェアを奪う事ができるか(①、②)

□同じ製品・サービスの購買頻度を上げられそうか(②、⑥)

□顧客に別の製品・サービスが売れそうか(①、②、⑥)

□大規模あるいは高シェアのプライス・リーダー(②、③、⑦)

□コスト優位性(②、③、④、⑤)

□真似しにくい技術・ノウハウ・高付加価値(②、③、④、⑤、⑦)

□代替困難による顧客の囲い込み(②、③、⑦)

□ダントツの業務効率性(④、⑤)

□他社が真似たくない非合理の理(①、②、③、④、⑤、⑥、⑦)

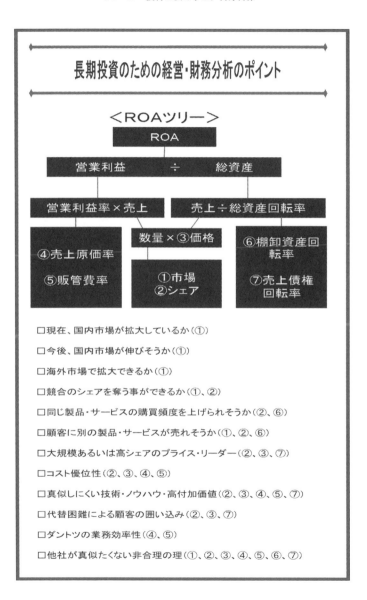

☆客観評価1位「ペッパーFS」の売り上げ拡大余地は？

◎正直、最初困った同社の1位評価

アジアのショッピングモールで散々見かけたペッパーランチ。その圧倒的な数と吉野家やコイチカレーよりも全体的に客が入っていた事実から、関連銘柄100に入れて客観評価の得点をつけた。しかし、まさか同社が1位になるのは想定外で、失礼だが、なんで同社が1位を獲得したのか理解できなかった。というのは、アジアの旅でペッパーランチのランチを何度か食べたが、値段の割には味がイマイチだと個人的に感じ、コスパがそんなに良いお店だと思わなかったからだ。

さらに数年前、国内で一度だけ食べた時の記憶として、味がファストフード的で値段が800円程度と高く、それならその辺の定食屋で食べたほうがいいと思ったこともあった。ファミレスのハンバーグ定食よりも2割安いとはいえ、ファミレスと違ってゆっくりもできない。価格と価値を考えると、サッと食べてサッと出られる「てんやの天丼」やテーブル席もある「すき家の牛丼」を、500円玉一枚持って食べたほうがよい。

コード:3053	業績（単位:百万円）				成長性（増収率=%）		収益性（=%）		
決算期	売上	経常利益	総資産	営業CF	前期比	5期前比	経常利益率	ROA	ROA(CF)
11.12	5,182	130	1,586	256	-6.7	[redacted]	2.5	8.2	16.1
12.12	5,239	94	1,538	108	1.1	[redacted]	1.8	6.1	7.0
13.12	5,686	209	2,318	269	8.5	[redacted]	3.7	9.0	11.6
14.12	8,791	575	4,084	1,120	54.6	37.0	6.5	14.1	27.4
15.12	16,198	760	6,708	1,840	84.3	191.6	4.7	11.3	27.4
(会予)16.12	23,200	928	N/A	N/A	43.2	347.7	4.0	13.8	N/A

◎何が同社の成長エンジンなのか？

同社の過去5年と予想業績を見てみると、明らかに14年度の決算から何らかの変化が生じている。調べてみると、これは13年12月に1号店のできた、本格的なステーキを立ち食い・安価に提供する「いきなり！ステーキ」事業の急拡大がもたらしたようだ。さらには、飲食業15年度ランキング売上高伸び率1位にも輝いている。顧客が求める量の肉を目の前でカットし、立ち食いで食べてもらうというスタイルの斬新さが受けて、年40店前後の大量出店が続いている。主力業態「ペッパーランチ」に代わってこの2年間、同社の成長エンジンの役割を担ってきた（日経MJ16年5月25日）。

私も赤身肉や熟成肉ブームが続き、女性やシニアにも広がっていることくらいは知っている。同社は時代のトレンド・ライダーになれたことが成長の後押しとなった。ここで、そういえば「いきなり！ステーキ」に去年2度ほど誘われたことを思い出した。

誘っていただいたのは、古くから港区専業で不動産業を展開する地場では有名な会社社長。彼とは軽井沢でゴルフの際に「カウボーイハウス」という美味しいステーキ屋さんでディナーをご一緒する仲だ。そんな彼に誘われたのだから、その時に素直について行っていればよかったのだが、ペッパーランチのイメージからお断りしてしまった。ただ、その時にお店の中（浜松町大門店）は、昼も夜もサラリーマンで混雑していて、繁盛店だった気がする（上場企業なので、街に出るとチラ見はしているので）。

それでも、気にならなかったのは前著でも書いたように、いくらお客さんが入っていて、会社の株が安くても「自分で食べたい」と思わない会社の株など必要がないからだ。自分で行きたいと思わないのに、株が上がりそうだという理由だけで株を買う行為は、短期ならいいが、長期投資のスタンスではしてはいけない。

つい先日も、駒沢公園に遊びに行った際に、物語コーポレーションの運営する「焼肉きんぐ」をチラ見した。あいかわらず繁盛していて、あれが価格と価値に見合っていると思う人は投資すればいいが、私にとってはあの味のクラスなら、すき家で十分で自分目線では評価ができず、短期で手放した経緯がある。いくら「いきなり！ステーキ」が混んでいようとも、自分が再訪したいと思わないお店なら、その会社の株を長期で買うことはない。

◎「いきなり！ステーキ」店舗調査！ 会社員や若い女性、シニアで活況

そこで、さすがに今回客観ランキングで1位評価を取ったペッパーFSの「いきなり！ステーキ」を食べに行くことにしてみた。

結論から言うと、値段の割に美味しい！。ランチで食べたワイルドステーキが、肉の質もまあまあの300gで、ライス（大盛無料）・スープ・サラダつきで1350円（税抜）は安い。さらに、夜に食べたヒレステーキは200g1700円で、ファストフード的な店にしては肉の味わいを感じる美味しさで、ライスをつけても2000円ほどでコスパも悪くない。

最初に行った港区近所の某店ランチは写真①（165ページ）の通り、外に人が並んでいる盛況感があった。ランチの看板にも見入る人が多かった（写真②）。店内を見回すと、女性はちらほらいたが、男性の会社員が主体でこれは浜松町大門店と変わらなかったが、浜松町と違って立ち食いメインでなく、いす席が多かった。お客さんには白人男性も2名いた。

店内に入って様子を観察させていただいたものの、さすがに並んでまでは食べたくはなかったのと、外食店大化け株のゴールデンサインを確認するため、14時半くらいに時間を合わせてそこから車で10分ほどの目黒区某店に食べに行った。

外食店大化け株のゴールデンサインというのは、「おやつ時の15時や夜の21時などの混み合う時間でない時間帯に客の多い外食店の株価は強い」という経験則だ。くら寿司も焼肉きんぐも、このサインで発掘した。14時半の店内は、うれしいことに混み合っていた（写真③）。しかも、若い女性も入れて店内は女性6割、男性4割で80％席が埋まっている。この時間にしては盛況だ。お肉もお客さんが好みの焼き加減で調節できるようなアツアツの鉄板と仕組みだそうだ（写真④）。

私としては、夜の感じもついでに見たいと思って、周辺で読書して時間を潰し、家族を呼び寄せた。このお店では、夜もランチメニューを特別に提供していたためか、老若男女が交じってこの時間も満席。お客さんの中には、タイからの観光客もいた（写真⑤）。5名ほどの立ち食い席も3名分埋まり、稼働率は90％に達していた。私はランチにサービスメニューを食べていたので、夜はヒレステーキにしたが、その際にはこのように焼くお肉を確認してもらえる（写真⑥）。この値段で結構な至れり尽くせり感。店員の感じも良い。

そしてもちろん、絶対的な味は、ニューヨークシャトーブリアン100g1万円などの美味と比べるつもりはない。あくまで競合はファストフード店での味評価である。

いきなり！ステーキを食べに行ってみた

●写真①：港区某所でのランチ待ちの列

●写真②：ランチ看板

●写真③：目黒区某所15時前にしては合格

●写真④：ワイルドステーキは見た目も◎

●写真⑤：夜は満席で立ち食い席にも客！

●写真⑥：夜は焼くお肉の確認をしてくれる

お会計の時に、70歳以上のシルバー特典カードの店内広告を見たので、店員さんに高齢者の客も多いのか聞いてみると、「ええ、増えてますよ」ということだった。そして、ちょうどタイミングの良いことに、推定70〜80歳のおばあちゃん二人組がお店に入ろうとする瞬間の写真をとることができた（上記）。その後ろにはミドル層の女性が単身で並んでおり、本当に客層の広さを実感した。

最後のトドメに、同店の祝日の夜も見に行った。平日は盛況でも休日はガラガラ、そんなこともあるからだ。しかし、同店は休日の夜も8割がた埋まっており、しかも若い女性のグループやカップルが多かった。若い人が多い店には未来がある。お店の価値と価格のバランスに満足したので、成長余地と儲ける力をチェックすることにした。

◎売上の拡大余地＝伸びしろはあるか

●国内市場の伸びしろはあるか？

富士経済によると、2015年のステーキ関連の市場規模は前年比5％増の3079億円で、この5年間の伸び率は20％に達したという。ペッパーFSの5年の成長率が約3・9倍、すなわち290％程度だったため、同社は都市部の一般的な外食産業の既存のパイも含めて侵食して成長できたことがわかる。

20年にはステーキ市場規模は3462億円まで膨らむと予想されるが、次の5年の市場伸び率は12・4％に鈍化する。そうなると、これまでと同等以上の成長を確保するには、同社の国内外食産業でのシェアを上げるか、海外のフロンティアにその余地を求めるしかないと思われる。

なお、ペッパーFSの売上急拡大は、時代のトレンドにも支えられている。かつては高級メニューの代名詞だったステーキが、円高や関税の引き下げで輸入牛肉の価格が下落したこと、脂肪分の少ない赤身肉の人気が高まり、女性や高齢者に需要が広がったことが市場の拡大をけん引している。

もっとも、若い女性の「お肉ダイエット」が一過性のものなら、この成長の伸びはさらに鈍化するかもしれない。さらに、現状儲かっている国内ステーキ産業でさらに競争激化が見込まれる点には注意が必要だ。

ステーキ店を100店以上運営するブロンコビリーは、20年までにさらに100店近く増やす計画をしている。現在は関東・東海が中心だが、手薄だった関西にも20年までに30店出す。立地もこれまで大半を占めていた郊外ロードサイドに加え、都市部に進出する。同社の16年1〜9月期の業績は、売上高が前年同期比で18％増、営業利益が24％増で、既存店が好調に推移していることから、出店攻勢を強める模様だ。

このステーキ市場の勢いは、外食の他事業が伸び悩む他社をひきつける。居酒屋などを運営するアスラポート・ダイニングは、脂肪の少ない赤身肉を提供するステーキ店を出店する。穀物肥育の牛に比べ脂身が少なく、低カロリーなのが特徴。客単価は1700円を見込み、健康意識の高い中高年や女性客の取り込みを狙い（単価1700円、サラダバー設置でブロンコビリーに似た構成）、2017年までに15店出店、FC方式で今後3年間に60店程度まで広げる計画だ。同社の主力の居酒屋は「家飲み」の広がりなどで伸び悩んでおり、業態転換の受け皿としても活用していくそうだ。

さらには、すかいらーくグループはファミレス・ガストのステーキ専門店「ステーキガスト」に力を入れ、外食大手のコロワイド傘下のアトムは、「ステーキ宮」の出店攻勢をしかける。今後、店舗間の競争も一段と激しくなるのは必至だ。そうなると、今後5年でステーキ市場に12・4％の伸びしろがあるとはいえ、成長スピードが減速していく中に多数の競合店がひしめく、最悪な状況になる可能性は否定できない。現状の国内ステーキ市場の伸びが今ピークだとすると、そうなると見ておいたほうがいいかもしれない。

ただ、ペッパーFSの売上規模は、外食産業大手の売上規模（後述）に比べて、まだまだ小さいがゆえに、侵食できる国内市場の余地は大きい。ファミレスが競合になる郊外型のステーキ店に比べて、同社は都市部が中心なので、既存の外食店のパイを奪いやすい環境にもあり、出店攻勢が続けば国内での成長性もまだ見込めそうだ。

●海外市場の伸びしろはあるか？

前項のように、日本の人口減少に起因する息苦しいパイの奪い合いに溺れず成長を夢見ることができるのが、海外市場の魅力だろう。

まず、同社のこれまでの海外急成長の歩みを書いておきたい。同社は、サントリーF&Bインターナショナル（SFBI）が主体となり、05年に「ペッパーランチ」の東南アジア1号店をシンガポールに出店している。シンガポール1号店は日系の百貨店に出店し、比較的大きな店舗だったため、近隣諸国からビジネスで訪れた人の目に留まり、インドネシアやフィリピンなど各国への展開につながったという。マスターフランチャイズ権（FC店を募集する権利）を持つSFBIが現地企業とFC契約を結ぶなどして店舗網を拡大してきた。

その結果、海外店舗数はすでに200店を超えている。この急拡大の理由は、海外からのロイヤリティを広く薄く利益をとっていることにある。これは、同社の一瀬社長によれば、「国内と同様のロイヤルティー収入の構造では、SFBIや現地企業の事業意欲がそがれてしまうことを防ぐ」狙いのようだ。そして、1店舗あたりの利幅は少なくても、これが10店、200店と広がっていけば大きなインパクトとなる戦術をとっている。

そして、16年4月25日の日経MJによれば、同社は20年に海外のペッパーランチを約3倍の600店体制とする構想を掲げている。例えば、インドネシアの現在40店を、同国だけでも200〜300店ほどにできる余地があると見ている。東南アジアに集中し、一店一店を繁盛させる模様。外食大手コロワイドも、「牛角」を中心にアジアの57店から19年までに450店に増やす計画で、私の市場調査も加味すると、ペッパーFSの出店計画は順調に拡大すると判断していいだろう。

さらには、16年3月にカナダの1号店となるペッパーランチを開いた同社は同国で2号店を出す準備に入るなど好調。さらには、「いきなり！ステーキ」を米ニューヨークに出店予定だ。日本や米国などの先進国では時間を節約したいという人が多く、時間をかけずに一人でもおいしい食事がしたいというニーズを取り込めるとの投資判断だ。

◎その他の伸びしろはあるか？

顧客向けにネットでステーキセットなどを売り出しているが、決算書を見る限り、伸びそうな気配はなく、顧客に別の製品・サービスを売るのはうまくいっていない。

ただ、私のように「いきなり！ステーキ」が「この値段で、この質のお肉を提供するなんてすばらしい」と考える固定客もいると思われ、導入している低コストで構築した独自の肉マイレージカード・アプリは好評のようで、来店頻度の向上余地はあるように感じる。

☆客観評価1位「ペッパーFS」に強い儲けのしくみはあるか？

◎儲けの理解のために競合と比較してみる

ステーキ・肉の外食事業を主成長・収益力としている競合を簡単に比べてみる。

まず、成長力を見てみると（左図）、ペッパーFS、キムカツなどを展開するアスラポートの直近成長力が高い。続けて、収益性を見てみると、ブロンコビリーが圧倒的に良い（通常、成長株の査定は営業利益を使うが、今回は大企業も査定に加えたため、経常利益を使って比較した）。同社の決算書によれば、この利益率は外食業界1位で、しかも過去10年以上2ケタの経常利益率を維持している。経営の効率性を示すROAでも、ブロンコビリーの強さが際立っている。ペッパーFSも立ち食い店、小規模店舗をうまく回しているため、利益の効率性の面で十分素晴らしい数字をたたき出している。なお、ステーキ宮を展開するアトムの収益力は外食全体の経常利益率4％程度よりはやや良く、ROAも8％超えと悪くはないものの、成長性・効率性の面で2社に大きく見劣りする。他の競合はもっと見劣りするので、ここではステーキを専業とするブロンコビリーとペッパーFSをチェックしていきたい。

ペッパーFSと競合他社の5期分・予想決算一覧

●ペッパーフードサービス

コード:3053	業績(単位:百万円)				成長性(増収率=%)		収益性(=%)		
決算期	売上	経常利益	総資産	営業CF	前期比	5期前比	経常利益率	ROA	ROA(CF)
11.12	5,182	130	1,586	256	-6.7		2.5	8.2	16.1
12.12	5,239	94	1,538	108	1.1		1.8	6.1	7.0
13.12	5,686	209	2,318	269	8.5		3.7	9.0	11.6
14.12	8,791	575	4,084	1,120	54.6	37.0	6.5	14.1	27.4
15.12	16,198	760	6,708	1,840	84.3	191.6	4.7	11.3	27.4
(会予)16.12	23,200	928	N/A	N/A	43.2	347.7	4.0	13.8	N/A

●ブロンコビリー

コード:3091	業績(単位:百万円)				成長性(増収率=%)		収益性(=%)		
決算期	売上	経常利益	総資産	営業CF	前期比	5期前比	経常利益率	ROA	ROA(CF)
11.12	9,503	1,404	6,967	1,084	8.0		14.8	20.2	15.6
12.12	9,983	1,432	7,763	1,352	5.1		14.3	18.4	17.4
13.12	11,290	1,546	8,755	1,641	13.1		13.7	17.7	18.7
14.12	13,049	2,007	13,246	1,916	15.6	68.0	15.4	15.2	14.5
15.12	15,926	2,463	14,959	2,443	22.0	81.1	15.5	16.5	16.3
(会予)16.12	18,500	2,850	N/A	N/A	16.2	94.7	15.4	19.1	N/A

●アトム

コード:7616	業績(単位:百万円)				成長性(増収率=%)		収益性(=%)		
決算期	売上	経常利益	総資産	営業CF	前期比	5期前比	経常利益率	ROA	ROA(CF)
12.3	38,306	2,052	28,320	3,380	0.8		5.4	7.2	11.9
13.3	40,601	2,529	29,150	4,124	6.0		6.2	8.7	14.1
14.3	45,020	3,159	33,199	4,982	10.9		7.0	9.5	15.0
15.3	50,518	3,340	34,023	5,986	12.2	21.3	6.6	9.8	17.6
16.3	52,830	3,180	34,911	5,835	4.6	35.6	6.0	9.1	16.7
(会予)17.3	53,949	2,587	N/A	N/A	2.1	40.8	4.8	6.0	N/A

●コロワイド

コード:7616	業績(単位:百万円)				成長性(増収率=%)		収益性(=%)		
決算期	売上	経常利益	総資産	営業CF	前期比	5期前比	経常利益率	ROA	ROA(CF)
12.3	101,879	2,533	83,815	8,782	0.8		2.5	3.0	10.5
13.3	128,388	3,445	135,477	8,322	26.0		2.7	2.5	6.1
14.3	148,443	4,813	136,777	13,088	15.6		3.2	3.5	9.6
15.3	177,573	3,791	204,290	10,910	19.6	66.5	2.1	1.9	5.3
16.3	234,138	5,051	212,338	18,478	31.9	131.6	2.2	2.4	8.7
(四予)17.3	240,310	6,547	N/A	N/A	2.6	135.9	2.7	6.0	N/A

●アスラポートダイニング

コード:3069	業績(単位:百万円)				成長性(増収率=%)		収益性(=%)		
決算期	売上	経常利益	総資産	営業CF	前期比	5期前比	経常利益率	ROA	ROA(CF)
12.3	7,307	270	2,848	398	-0.5		3.7	9.5	14.0
13.3	7,320	360	3,388	502	0.2		4.9	10.6	14.8
14.3	9,396	460	9,728	1,168	28.4		4.9	4.7	12.0
15.3	11,167	622	11,231	796	18.8	9.9	5.6	5.5	7.1
16.3	23,495	724	23,633	808	110.4	219.8	3.1	3.1	3.4
(会予)17.3	36,200	922	N/A	N/A	54.1	395.4	2.5	3.9	N/A

●ゼンショー

コード:7550	業績(単位:百万円)				成長性(増収率=%)		収益性(=%)		
決算期	売上	経常利益	総資産	営業CF	前期比	5期前比	経常利益率	ROA	ROA(CF)
11.12	402,962	19,300	235,981	24,099	8.7		4.8	8.2	10.2
12.12	417,577	13,873	258,509	21,572	3.6		3.3	5.4	8.3
13.12	468,377	7,957	293,192	21,196	12.2		1.7	2.7	7.2
14.12	511,810	2,875	289,467	17,368	9.3	53.2	0.6	1.0	6.0
15.12	525,709	11,380	278,340	25,455	2.7	41.8	2.2	4.1	9.1
(会予)16.12	558,861	16,772	N/A	N/A	6.3	38.7	3.0	6.0	N/A

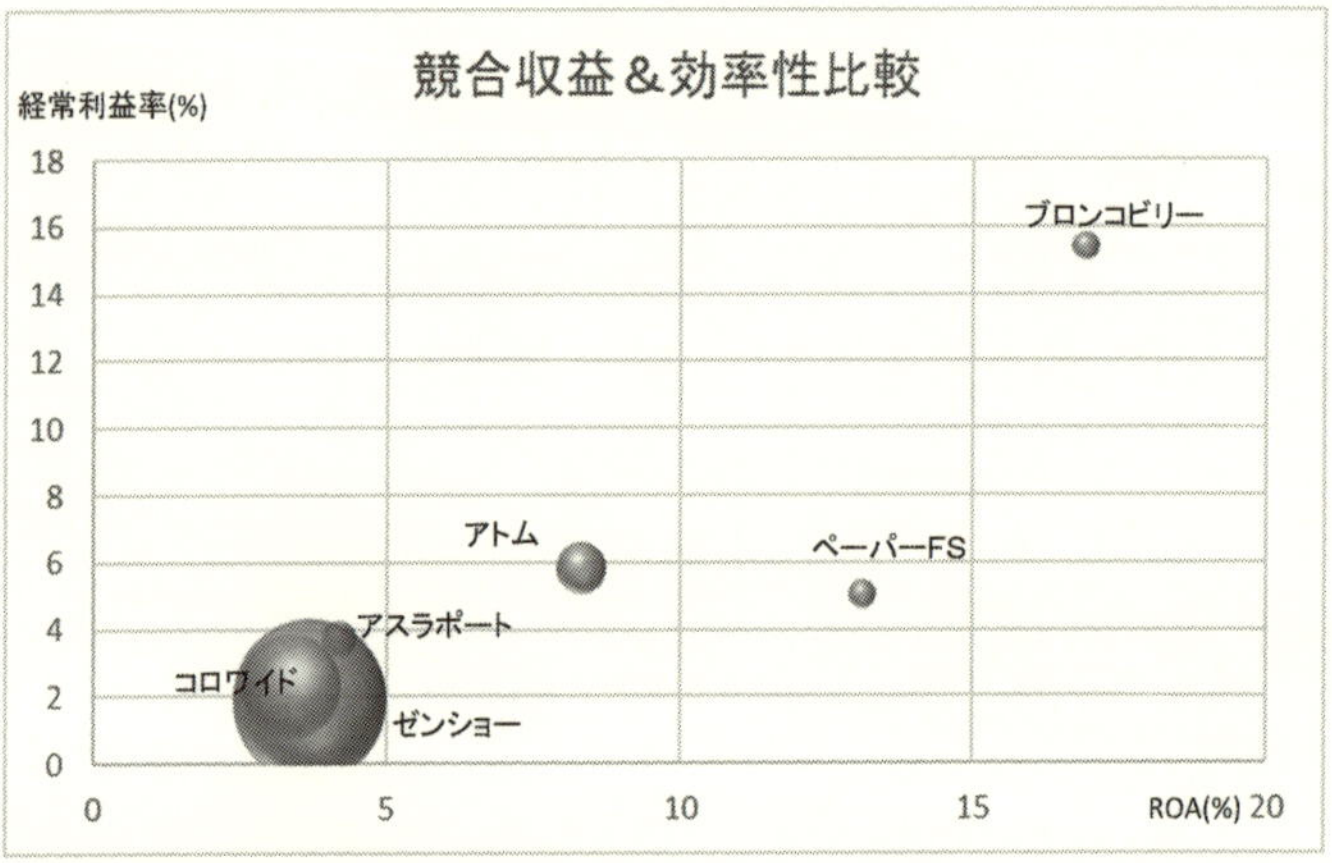

	売上（百万円）	経常利益率（%）	ROA（%）
ペッパーFS	16,198	5.1	13.1
ブロンコビリー	15,825	15.4	16.9
アトム	52,432	5.8	8.3
コロワイド	217,340	2.3	3.4
アスラポート	24,287	3.7	4.2
ゼンショー	532,126	1.9	3.7

※上記決算数値は前期2期と会社予想決算の3年分の単純平均を使用し、稼ぐ力のバランスをとった
※円の大きさは売り上げ規模を示している
※ROAの利益は経常利益を使用した
※予想のROAの分母は前期の資産を使用して算出

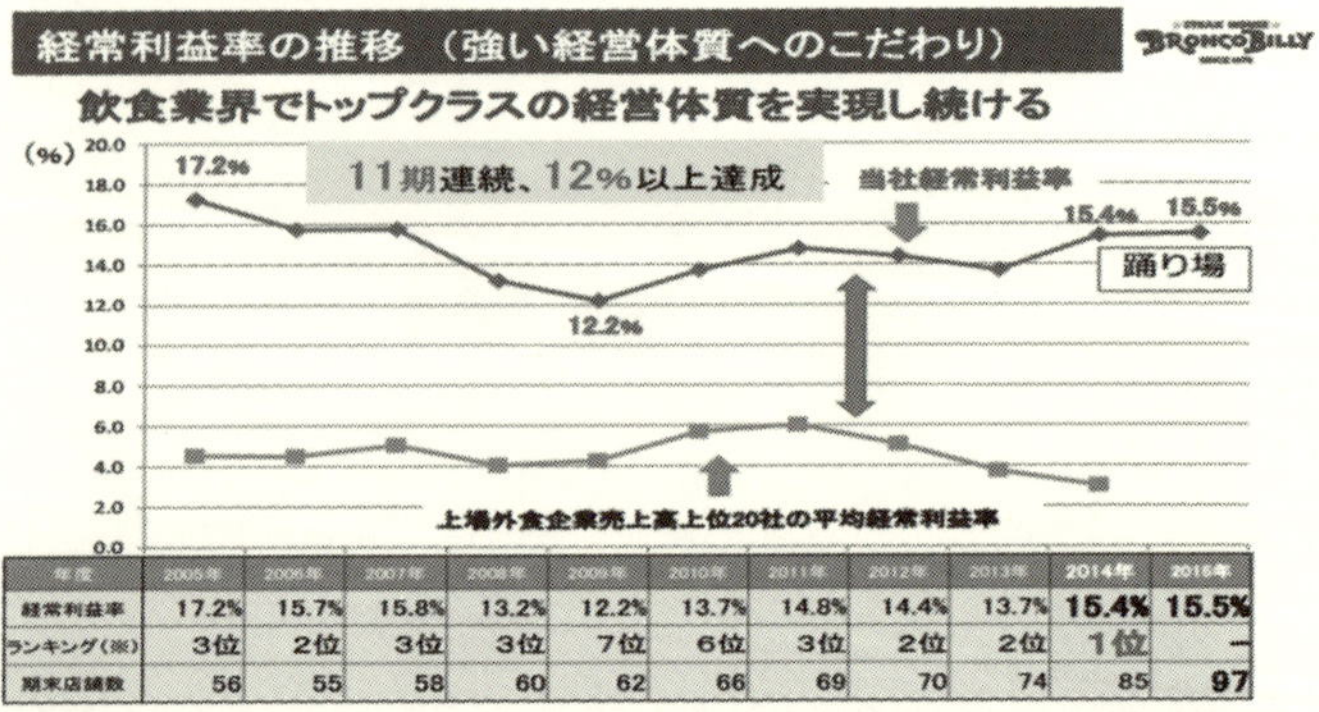

年度	2005年	2006年	2007年	2008年	2009年	2010年	2011年	2012年	2013年	2014年	2015年
経常利益率	17.2%	15.7%	15.8%	13.2%	12.2%	13.7%	14.8%	14.4%	13.7%	15.4%	15.5%
ランキング（※）	3位	2位	3位	3位	7位	6位	3位	2位	2位	1位	―
期末店舗数	56	55	58	60	62	66	69	70	74	85	97

※飲食業売上高経常利益率ランキング（日経MJ 2015年5月27日（水）掲載） 14

※15年12月期ブロンコビリー決算より

◎ステーキ事業で利益を稼げるかどうか不安なペッパーFS

ペッパーFSの成長をけん引している「いきなり!ステーキ事業」の採算が悪化している。14年通期の事業利益率が12・1%だったものが、15年通期には5・9%、16年の上半期は6・2%と最初の半分程度に減少している。

これは第一に、スタートした当初は立ち食いで1300～1500円のランチを支払う超都心店が中心だったものの、少し郊外になる住宅の多い都市部で女性や高齢者を意識して椅子席を導入したこと(回転率の低下)や、第2に既存店の売上が前年比で10%程度下げていること、第3に14年の10月に105円だったドル円が、2～3カ月で一気に120～125円になり、原材料コストが急増したことなどが要因だ。

もっとも、16年上期は円高が100円程度まで加速したことで採算が上がり、客にもそのメリットとして値下げを行ったことから足元の稼働率は上がっているように見受けられる。しかし、これもトランプ相場の円安で、16年下期は苦境に陥りそうだ。値下げも10月に行ったばかりで、ユニクロやニトリや無印良品も値下げ商品を拡げてデフレ傾向が鮮明になりつつある中、やっぱり価格を戻しますとはいかないだろう。

◎ステーキ事業で儲けを伴い成長を続ける素晴らしいブロンコビリー

かの有名なバフェットはマクドナルドが好物だそうだが、同じようにブロンコビリーのステーキが好きな人には同社の株はオススメである。ピーターリンチの言う、「たくさん石ころをひっくり返した者のところに大化け株は現れる」の言葉の通り、ペッパーFSの周辺銘柄をいっぱい見ていたら遭遇した素晴らしい経営の会社だ。業績は売上・利益ともに右肩上がりで事業もステーキ一筋。総合割安度も1・45と割安なのだ。

私は実際に16年12月4日に東京多摩にある同レストランに実際に足を運んでみた。読者に大化け株予備軍の真実を伝えるため、出版社の編集の方にご迷惑をおかけしてでも、この実食を行った。なぜなら、ペッパーFSの分析の結果、競合他社である同社をオススメする結論になりそうだったからである。ちなみに、同社は海外展開を行っておらず、「インド+親日アジア」という成長市場の伸びしろはないので、候補にも全く入らなかったこと、まだ都市中心部や関西が手薄なので国内に成長の伸びしろがあることをつけ添えておきたい。

さあ、面白くなってきた。「いきなり！ステーキ」の株を推奨しようと思ったら、これまで気にもしたことがなかった銘柄を推奨することになるかもしれないからだ。私はワクワクしながら多摩にある「京王永山」という駅で初めて降りた。そして、駅から徒歩10分程度で鎌倉通りという大通りに面した典型的な郊外店であるブロンコビリーに向かった。

そこで、目にしたのは、交差点から横断歩道を渡って、マクドナルド、吉野家、焼肉安楽亭、そしてブロンコビリーという牛肉大激戦の中に位置していたのだ。（写真①）（179ページ）

しかし、11時の開店から10分しかたっていないのに、すでに中の店舗にはお客さんの活気があり、お店作りもエンターテイメント性の強い「肉のワンダーランド」であった。まず、肉の塊のショーケースにエントランスで迎えられ（写真②）、店員さんに案内されながら、炭火でステーキやハンバーグをジュージュー焼いている側を通って（写真③）、奥の席に座った。そして、奥からもテレビのモニターで焼いている肉の臨場感が伝わってきて、自由に取れるサラダバーは種類が豊富で多くの人で賑わっていた。来ているお客さんも私ともう一人を除いて、ほとんど家族を中心に複数利用で席の埋まり具合も良い（写真④）。

さらに、注文の際には初めての来店か聞かれたので「そうです」と答えると、「ランチはハンバーグが人気で、ステーキとハンバーグのセットも人気です。夜にはこちらのアリゾナ産ステーキが一番人気です。お米は大釜で炊いておりまして、ただいま新米ですのでぜひご賞味ください」と明るく言われてしまった。

この時点で完璧な経営だ。みなさん、わかりますか?

ハンバーグは合いびき肉で作るので、言葉は悪いが、中身は何とでもなり、原材料コストが通常は安く済むので利益率が高い。次に少し高いものを薦め、最後にはお店で一番高いものを薦めて利益率確保の誘導をしている。これは「いきなり!ステーキ」店にも見習ってほしいところだ。

そして、私は肉の質を確かめるため、一番いいアリゾナ産リブロースステーキセットを注文した(写真⑤)。料理を待つ間、店内は小さな子どもたちのはしゃぐ声、それを目は怒らず喜びながら静止しているおじいさまおばあさま。最高の店内だ。これで価格に見合った味なら、これを推奨株としてこの章を終えられる。そんな展開も本としてはおもしろいからアリだろう。

ちなみに、私が店を出た正午前には、ブロンコビリーの駐車場だけがびっしりと埋まっていた。比較に出して申し訳ないが、お隣の安楽亭の駐車場はその半分も埋まっていなかったので、この地域での同社の強さを体感できた(写真⑥)。

ブロンコビリーにステーキを食べに行ってみた

●写真①：鎌倉通りは肉レストラン激戦区

●写真②：インパクト大のエントランス

●写真③：エンタメ性あるワクワク店内

●写真④：賑わう店内（AM11時半）

●写真⑤：ディナー一番人気のステーキ

●写真⑥：正午前にはほぼ満車の駐車場

◎なぜ、ブロンコビリーのステーキは超儲かり、「いきなり！」は薄利なのか？

実際にステーキが来て、食して思ったのは「この店にはもう行かない」ということだ。なぜなら、味が約3000円のステーキにしてはイマイチだったからだ。この質でライスとサラダバーつけて2940円なら、そりゃ儲かるでしょ、と思った。もっとも、サラダとお米は「いきなり！」より美味しかったが…。

それでもブロンコビリーに客が多いのは、比較対象であるファミレスはまずくて（ごめんなさい、私の正直な感想で）高いため、消去法で選ばれている可能性がある。お店の形状はファミレス型なのに、エンタメ性に溢れ、郊外で競合しているファミレスよりはお肉がマシで、それを補う美味しいコメやパサパサしていないサラダやデザートで差別化ができている。

残念ながら、
私の価値観だと、
価格と価値(味)の
見合わないステーキでした・・・
鉄板が冷めるのもいきなり！より早い

メニューをもう一度じっくり見ると、ブロンコビリーの肉は「いきなり！」に比べてグラム当たり約66％割高だった。その後、決算説明会資料や日経MJの情報を探してみると、ブロンコビリーの原価率は28％、「いきなり！」はほぼ倍の54～55％、お肉に至っては70％というから、ブロンコビリーの利益率が良いのは納得できる（外食平均35％程度）。

それでもお客さんがついてくるポジションを確立した同社の竹市社長には敬意を表したい。今後5年、同社の株価は関西と都市部への攻勢でますます上がるかもしれない。同社の価値と価格があなた目線で「合格」なら、このブロンコビリーの経営が筋肉質で非常に強いということで、同社株はおすすめしておきたい。

私にとっては、お金だけで物事を判断すれば、仮に同社が食中毒事件でも引き起こし、株価が下がろうものなら、私も一緒に投げ売りしてしまう投資行動をとりかねず、商品と価格に納得していないので長期投資対象にはならない点を重ねて強調しておきたい。仮に同社がここから10倍株になっても、私は全く後悔しないだろう。

一方、仮に自分のお気に入り店で同様の事件が起こったなら、その後の反省と対応が適切という前提であれば、そういう時こそ一番の味方になって会社を支えたいと思うだろう。

◎ペッパーFSの競争優位性

同社のステーキ提供方法は特許を取得している。来店客の要望に応じ、好みの分量にステーキを切り分け、他の客の料理との混同を防ぎながら提供する仕組みは、競合他社の模倣を防ぎ、ブランドの個性をより強める狙いがある。仕組みとしては非常に素晴らしいが、強い儲けにはつながっていないので、実質の原価率を下げるために値上げをして価格を戻すか、肉を直営牧場にして仕入れ値を下げるなどの努力が必要だろう。よって、この差別化の儲けにつながる価値は今のところ低い（後述するNY店がうまくいけば活きてくる可能性はある）。

もっとも、突然の円高やTPPによる関税の低下などで仕入れ値が下がれば、この差別化は競争優位性につながるが、現状はそれを見込むのは厳しいマクロ経済環境だ。

店舗の業務効率と競争力の高さは評価してあげたい。なぜなら、同社の店舗に行けばわかるが、ワインのボトルは壁に掛けられ、お客さんのスペースにも無駄がなく、料理場の動きにも無駄がない。さらに、お肉の乗る鉄板が冷めにくい特殊な構造で、これも特許を取っている。この点は、国内のペッパーランチ事業は数％とはいえ、既存店売り上げも伸びているし、すぐに真似られるアジアのマーケットを鑑みると、有益な堀になっている可能性がある。

私はペッパーランチが価値と価格が中途半端だと前述したが、国内は既存事業で微増、海外は急伸という状況であり、安くてうまいステーキ事業がこれで守られるなら、同事業を応援してもいいかと思い始めた。実際に、アジアのショッピングモールで楽しそうに肉とコーンなどの具材を鉄板でマゼマゼしていた子どもたちを見ているので、「味以外の価値」に評価をおいてもいいかなあ、と。ここに評価を置けるのなら、ブロンコビリーも投資対象になりそうだが、あくまで私の好きなステーキのための妥協であって意味合いが違う点をご理解いただきたい。

そして、私がこの目で見に行った東南アジアのほとんどの有名ショッピングモールでペッパーランチが展開されていた実績による「先行ブランド力」は非常に強い馬力になってくれると思う。

あとは競合のステーキ店とは店舗の形状、広さ、価格設定のすべてでほぼ独特のビジネスモデルを構築できており、低いと言ってきた経常利益だって、原価率を業界の倍にしても、外食平均の4%を上回るという超効率的な経営を行っている。

強いて苦言を申し上げれば、同社のランチメニューでも使えるクレジット利用の廃止をすれば、いくらかでも利益率を高められるのではないか。もしくは、海外同様にお客の利便性を損ねたくないというのであれば、せめてアメックスとダイナースの利用を辞めたらどうだろうか。

この2社のカードは店舗側の抜かれる手数料が高く、ブロンコビリーでは利用できない（さすが！）。私はアメックスが最も利用するカードなので、使えなくなると少し悲しいが、「いきなり！」の価格帯店舗でVISAかマスターカードしか使えなくても文句を言う客は多くないだろう。ささやかだが、利益率の向上につながるはずだ。

同社を率いる一瀬社長の経営力も優位性の対象としたい。同氏は、過去の不祥事の際には友人たちから資金を引っ張ってきて乗り切るという馬力を持っておられ、国内・海外ともに並々ならぬ成長意欲をお持ちで、現場の課題を現場で察知される社長さんとして評価したい。欲を言えば、ブロンコビリーの竹市社長のように、金太郎あめのように多店舗展開して儲かるビジネスを構築してほしいが、成長に向けた高ROAによる経営努力を評価させていただきたいと思う。過去には、自社店舗のサービス重視のためにペッパーランチで券売機を撤廃し、FC権を持ったオーナーの説得にも尽力されている。

私はこの低価格であの質のボリュームあるステーキを出している競合店を知らないので、バックヤードで無駄を極力排除した努力は称賛に価するし、それは「非合理の理」を持っているとも言えなくもない。

同社社長の経営力は、不採算店舗のチェンジでも発揮されている。同社が16年10月、ビビンパと冷麺を主力商品とする新業態「どんと家」の出店を始めた。まだ食べていない、見ていないのでわからない部分もあるが、これは、牛タン専門店の牛タンの仕入れ値が急騰したことによる既存店の切り替えで、非常に経営に柔軟性があると感じた。

最後に一瀬社長のピンチでの底力を評価させていただきつつ、大変失礼だが御年73歳でいらっしゃる点が長期投資にはリスクとなりうる。ぜひ、そろそろ一瀬健作専務を決算発表会などで同社の顔にするなどの長期繁栄を見据えた経営構築をしていただきたい。この世には一代で勢いのなくなる新興企業が数多あるためだ。

昨年人気の大河ドラマ『真田丸』で徳川家康が秀忠に高齢で元気なうちに征夷大将軍を譲位したように、筆頭株主である一瀬社長がお元気なうちに会長として、次の経営体制の構築を図ってくださることを願ってやまない。

☆ペッパーFSに対しての朝香目線での得点は？

結論から先に申し上げる。朝香目線による現状の得点は10点（30点満点）。客観評価の69点を足して、79点というのが現状の同社に対する評価だ。

国内事業に関しては、2点。ペッパーランチが微増ながらも伸び続けていることを少しだけ評価した。しかも、新店より既存店売り上げの前年比のほうが良いことは強い顧客がいることを示している。ただ、「いきなり！」事業は、既存店の落ち込みと、郊外型の外食店が小型化し都市中心部に次々とお店をオープンさせていること、為替が円安基調であることなどから、14年度のような利益率を出すのが厳しいのではないかと考えた。さらに、次の経営体制が盤石に育っていない点や現在の肉ブームによる女性の来店増加が一過性で終わる可能性も長期投資のリスクとして算入した。

もっとも、足元では、「いきなり！」の一部店舗で宴会プランを始める等の工夫も開始された。ちょい飲みのように会社員に浸透すれば売上のプラス要因となる。様々な施策で「いきなり！」の既存店売上の回復が伴えば、私目線の得点ももう少し加点できる。具体的には、「いきなり！」の前年比既存店売上増が半年以上続けば、国内事業に10点くらいつけたいのが、同店を気に入った私の心情でもある。

海外事業に関しては、8点。前項で考察したように、他社にも先行し、まだまだ大きな伸びしろがある有望な点を評価した。さらに、同社は15年12月期決算の営業利益7・6億円のうち推定約3億円、およそ40%を海外で儲けている。しかも、海外事業の売上は3・8億円だから、利益率は77%と驚異的な利益となっている(これはロイヤリティー・フィーなので、当然の結果だが)。

ただ、私が注目したい重要な点は2つ。

ひとつが海外事業をサントリーの子会社が中心に展開しているため、経営リスクである一瀬社長のご高齢と盤石でない後任体制に大きな影響を受けにくいということ。

次に、20年に600店舗の達成は国内の事業展望よりも見通しが明るく、その際には同社に約9億円の利益をもたらす見込みであること。その場合、国内の利益が横ばいだとしても、7・6億円の営業利益を13・6億円と約1・8倍に押し上げる有望なシナリオが描ける。この点を高く評価し、海外事業は8点とした。20点としなかったのは、外食産業の大化け株を探すゴールデンサインである「15時や21時のお店の混み具合」が、台湾なら「くら寿司」、インドネシアなら「丸亀製麺」に劣っていた点、目先は新興国の通貨安金利高で減速懸念があるためである。

☆ペッパーFSに朝香目線で30点満点をつける可能性もある

最後に、私が同社に満点評価をつける可能性に言及したい。それは、「米国でのいきなり！ステーキ事業の成功」にかかっている。以下、一瀬社長のコメント（日経MJ）。

『（店舗網の）全米展開が十分可能だと思っている。たとえばラーメン店などは繁盛店ができた場合、別の企業が類似の店舗を開業することが多い。だがペッパーランチは、電磁調理器や鉄板など独自のノウハウを活用しているので他社はまねできない。「いきなり！」も本格的なステーキを手軽に食べられるチェーンとしてはほぼ唯一の存在といえる。安くておいしいものを食べたいのは、誰しも同じだ。海外でも両ブランドは定着していくだろう。米ナスダック上場も目指したい』とワクワクする展望をお持ちだ。

ステーキが食文化の米で、全米展開、ナスダック上場と夢のある話ではないか。米国牛を米国内で出すのだから、売上が取れれば日本国内・アジアよりも利益率が良い結果が期待される。実際に、この事業が軌道に乗れば、同社の伸びしろは巨大なものに大化けし、米国だけで2020年の国内および他海外の利益を稼ぎ出す可能性を秘める。全米での成功は世界躍進の幕開けにもつながり、現在の株価からテンバガーの達成もありうる。

☆PR業界でベクトルの成長性と収益性は突出して強い

企業広報・PRを代行するベクトルの16年第2四半期は、連結営業利益が前年同期の1・5倍、従来予想を約2億円上回る10・3億円に着地した。動画配信を活用したPRや投資家向け広報（IR）支援が伸び、売上高は前年同期の1・26倍、従来予想を約3億円上回る約58・8億円になった。近年の決算を競合と比べてみても（次項）、PR業界で同社の強さが群を抜いている。成長性を見ると、ベクトルは毎年20～30％の勢いでコンスタントに規模を拡大している。サニーサイドアップとプラップジャパンは5年前比では伸びているものの、ベクトルに比べるとかなり物足りず、近年の成長は鈍化している。

収益性を見ると、ベクトルの経常利益率は右肩上がりで、ROAも20％前後と高い。プラップは経常利益率・ROAともに2桁で健闘しているものの、近年の伸びはなく横ばい。サニーサイドアップは規模だけは微増してきたものの、事業は儲かっているとは言い難く、共同PRに関しては不祥事後の改革が必要な状態にあるにもかかわらず、経営者が保守的で、失礼だが経営センスゼロ。それが数字にそのまま表れた状態となっており、業界でベクトル一強、プラップ健闘といった状態が続いている。

ベクトルの中期ビジョンと競合他社5期分・予想決算一覧

●ベクトル

コード：6058	業績（単位：百万円）				成長性（増収率=%）		収益性(=%)		
決算期	売上	経常利益	総資産	営業CF	前期比	5期前比	経常利益率	ROA	ROA(CF)
12.2	3,815	487	1,963	164	29.2		12.8	24.8	8.4
13.2	5,106	707	2,947	260	33.8		13.8	24.0	8.8
14.2	6,461	909	3,560	266	26.5		14.1	25.5	7.5
15.2	8,319	1,186	7,106	895	28.8	248.1	14.3	16.7	12.6
16.2	9,685	1,506	8,420	812	16.4	228.1	15.5	17.9	9.6
(会予)17.3	12,000	2,000	N/A	N/A	23.9	214.5	16.7	23.8	N/A

中期ビジョン

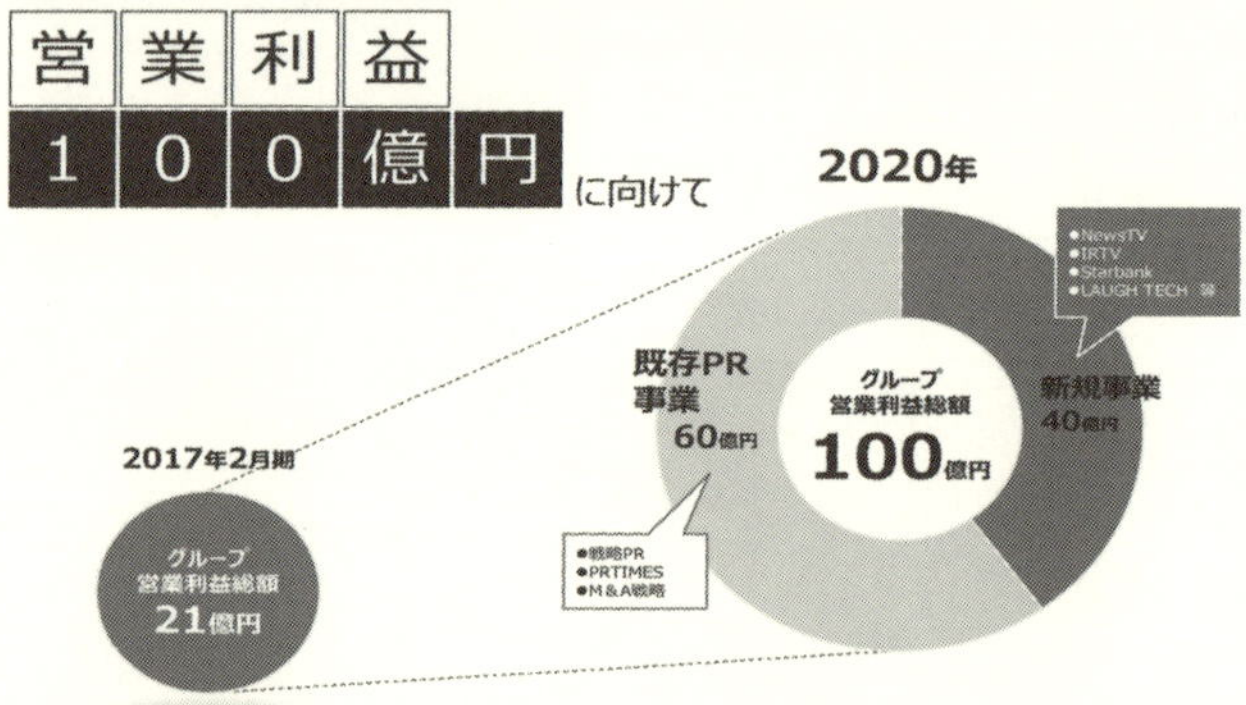

●共同PR

コード：2436	業績（単位：百万円）				成長性（増収率=%）		収益性(=%)		
決算期	売上	経常利益	総資産	営業CF	前期比	5期前比	経常利益率	ROA	ROA(CF)
11.12	4,328	171	2,059	33	−6.0		4.0	8.3	1.6
12.12	4,256	114	1,884	−20	−1.7		2.7	6.1	−1.1
13.12	4,018	−99	2,090	−120	−5.6		−2.5	−4.7	−5.7
14.12	4,062	−384	2,407	76	1.1	−5.4	−9.5	−16.0	3.2
15.12	3,704	126	2,246	−260	−8.8	−19.5	3.4	5.6	−11.6
(会予)16.12	3,843	136	N/A	N/A	3.8	−11.2	3.5	6.1	N/A

●プラップジャパン

コード：2449	業績（単位：百万円）				成長性（増収率=%）		収益性(=%)		
決算期	売上	経常利益	総資産	営業CF	前期比	5期前比	経常利益率	ROA	ROA(CF)
12.8	4,254	447	3,639	401	4.7		10.5	12.3	11.0
13.8	4,810	591	4,194	405	13.1		12.3	14.1	9.7
14.8	5,455	657	4,276	254	13.4		12.0	15.4	5.9
15.8	5,433	747	4,376	450	−0.4	34.3	13.7	17.1	10.3
16.8	5,418	650	4,622	434	−0.3	33.3	12.0	14.1	9.4
(会予)17.8	5,676	694	N/A	N/A	4.8	33.4	12.2	15.0	N/A

●サニーサイドアップ

コード：2180	業績（単位：百万円）				成長性（増収率=%）		収益性(=%)		
決算期	売上	経常利益	総資産	営業CF	前期比	5期前比	経常利益率	ROA	ROA(CF)
12.6	10,374	345	4,845	−322	34.0		3.3	7.1	−6.6
13.6	13,018	558	4,751	822	25.5		4.3	11.7	17.3
14.6	12,443	153	5,613	−377	−4.4		1.2	2.7	−6.7
15.6	11,940	83	5,291	37	−4.0	98.0	0.7	1.6	0.7
16.6	13,393	236	5,773	24	12.2	72.9	1.8	4.1	0.4
(会予)17.6	14,032	201	N/A	N/A	4.8	35.3	1.4	3.5	N/A

☆なぜ、こんなにもベクトルは強いのか。そして、それは続くのか？

過去に関しては、企業の宣伝予算に踏み込んだPRプランを提案して、広報に留まらない大きな市場で勝負したこと、ソーシャルメディアを駆使、かつ1社あたり1000－2000万円という手ごろなPRパッケージ提案をする大手PR会社がなかったこと、PRタイムスというプレスリリース配信業界トップとなるストック性の収益モデルを確立したことが、他競合を引き離してぶっちぎりに儲かった要因だろう。

特に、西江社長の中国事業を手掛かりに東南アジアへの進出が早かった点、フロー収益が主体のPR業界でPRタイムスというストック事業を始めた経営センスの高い点、事業を次々に子会社化し、有能な社員を社長に据えて、企業の成長とともに蔓延《はびこ》るマンネリ化を生まない経営手法などを私は高く評価してきた。

そして、このベクトルの成長と儲けの強さは今後も続くと見る。まず、PRに関しては、動画とアドテクノロジーの領域で売上が拡大する仕組みの構築を完了し、直近の数字の拡大に貢献している。これは最新の広告・PRの手法をいち早く業界でも取り入れており、機動的な手腕が光る。国内市場の伸びしろ・浸食できる既存のパイも、微増する国内広告市場6兆円（新聞が6・2％、テレビが1・2％縮小する一方、ネット広告は10・2％伸びており、ベクトルには有利)、広報市場は1000億と十分だ。

さらに、自社グループから10社のIPOを生む戦略を掲げ、すでにPRTIMESがマザーズに上場している。加えて、エボラブルアジアなど新興企業2社を上場させ、これを100社にする目標を掲げ、投資会社としての側面を持ち始めた。つい先日も第3者割当増資でファッションECのターミナルに出資している。一時期、ステマ関連でダイヤモンド誌に叩かれたベクトルだが、業界のルールに反しない中での投資先のPR支援ができるという点で、ベクトルの投資は投資先や株主にとってプラスである。実際に、ベクトルの投資を受けて上場したエボラブルアジアは、テレビをはじめとしたメディアでその成長性が報じられ、IPO以降に同社への成長期待を抱いてもらうことに成功した。こういった後方支援をできるのもベクトルの強みだ。

海外もベトナムやフィリピンなどに力を入れ始めているが、海外市場の成長を糧にするのはまだまだこれから。逆に言えば、海外での成長の伸びしろは非常に大きい。直近のハワイ最大手PR会社の買収はアジア富裕層向け観光PRで強力な武器となろう。

以上を鑑みて、私は同社中期ビジョンである20年の営業利益100億円、その先の300億円達成を楽しみにし、自分目線で30点満点(総合評価91点)をつけたい。

☆ベクトルの株価10倍後はどうするのか？

では、最後に「はじめに」の答えを出したい。

- **株価が割高か↓総合割安度2・47で割高でない**
- **売上拡大の余地が十分あるか↓ある**
- **他銘柄を買うか↓同社91点でその必要はない**
- **チャートの過熱感から1部を売る↓はい、少しだけ**

上記は同社の週足チャート。↑↓の部分は52週移動平均線を中心に、13週・100週移動平均線の3線すべてから同程度の乖離をしており、当面の調整局面を繰り返している。テンバガーを達成し、この原稿を書いている16年11月23日、いったん少しだけ利食いをさせていただこうかと思う。その後、13週・52週移動平均両線の接近を待って、手放した分だけ買い戻したい。

長期的株価の天井はまだまだ先だと期待して。

☆1位銘柄を決めるのは、あなた目線だ（調整後の客観得点一覧）

暫定順位	コード	銘柄	客観得点	客観70%	自分目線	最終得点
1	3053	ペッパーフードサービス	98	69		
2	5903	シンポ	94	66		
3	6058	ベクトル	87	61		
4	2427	アウトソーシング	86	60		
5	8850	スターツコーポレーション	85	60		
6	3397	トリドール	84	59		
7	2798	ワイズテーブルコーポレーション	84	59		
8	4343	イオンファンタジー	82	57		
9	3068	WDI	80	56		
10	6482	ユーシン精機	80	56		
11	7906	ヨネックス	80	56		
12	6594	日本電産	79	55		
13	9384	内外トランスライン	78	55		
14	8117	中央自動車工業	78	55		
15	6191	エボラブルアジア	78	55		
16	9843	ニトリホールディングス	78	55		
17	9449	GMOインターネット	78	55		
18	6045	レントラックス	77	54		
19	9612	ラックランド	77	54		
20	1960	サンテック	76	53		
21	6272	レオン自動機	76	53		
22	6030	アドベンチャー	76	53		
23	2124	JACリクルートメント	75	53		
24	3031	ラクーン	74	52		

25	6064	アクトコール	74	52		
26	5332	TOTO	74	52		
27	7781	平山	73	51		
28	2695	くらコーポレーション	72	50		
29	6465	ホシザキ電機	72	50		
30	6755	富士通ゼネラル	70	49		
31	3762	テクノマトリックス	70	49		
32	7550	ゼンショー	70	49		
33	6367	ダイキン工業	69	48		
34	6448	ブラザー工業	69	48		
35	3905	データセクション	69	48		
36	6861	キーエンス	69	48		
37	6182	ロゼッタ	69	48		
38	4919	ミルボン	68	48		
39	6957	芝浦電子	68	48		
40	2181	テンプホールディングス	67	47		
41	8876	リログループ	67	47		
42	9983	ファーストリテイリング	67	47		
43	4714	リソー教育	67	47		
44	7956	ピジョン	66	46		
45	6096	レアジョブ	65	46		
46	4922	コーセー	65	46		
47	3542	ベガコーポレーション	64	45		
48	7226	極東開発工業	59	41		
49	6923	スタンレー電気	59	41		
50	4917	マンダム	59	41		

暫定順位	コード	銘柄	客観得点	客観70%	自分目線	最終得点
51	2174	GCA（旧GCAサヴィアン）	58	41		
52	6268	ナブテスコ	58	41		
53	7453	良品計画	57	40		
54	9950	ハチバン	56	39		
55	9613	NTTデータ	56	39		
56	6103	オークマ	55	39		
57	2413	エムスリー	55	39		
58	6481	THK	55	39		
59	2489	アドウェイズ	53	37		
60	8086	ニプロ	52	36		
61	6516	山洋電機	51	36		
62	3937	AWSホールディングス	50	35		
63	6506	安川電機	50	35		
64	9984	ソフトバンクグループ	49	34		
65	9828	元気寿司	49	34		
66	7976	三菱鉛筆	48	34		
67	6645	オムロン	48	34		
68	9202	全日空	48	34		
69	6503	三菱電機	48	34		
70	2220	亀田製菓	47	33		
71	7701	島津製作所	46	32		
72	6762	TDK	46	32		
73	6005	三浦工業	46	32		
74	4613	関西ペイント	46	32		

75	4452	花王	45	32		
76	4902	コニカミノルタ	45	32		
77	3328	BEENOS	44	31		
78	6954	ファナック	44	31		
79	4912	ライオン	44	31		
80	7936	アシックス	43	30		
81	6806	ヒロセ電機	42	29		
82	6996	ニチコン	41	29		
83	2459	アウンコンサルティング	41	29		
84	6925	ウシオ電機	40	28		
85	2371	カカクコム	39	27		
86	5802	住友電気工業	39	27		
87	8233	高島屋	39	27		
88	6134	富士機械製造	38	27		
89	2206	江崎グリコ	35	25		
90	7740	タムロン	33	23		
91	4527	ロート製薬	30	21		
92	6963	ローム	29	20		
93	7224	新明和工業	28	20		
94	2267	ヤクルト本社	26	18		
95	6981	村田製作所	24	17		
96	3938	LINE	24	17		
97	6997	日本ケミコン	22	15		
98	2802	味の素	20	14		
99	6501	日立製作所	13	9		
100	6752	パナソニック	5	4		

・参考資料

◎日本経済新聞電子版

「5つのチャイナ・リスク　進出企業が相次いで直面」2015年9月16日
「対中ビジネス激変、「ニューチャイナ」に乗れ」2015年11月24日
「「中国」発端の倒産が急増　負債総額、国内の1割に」2016年3月5日
「アップル、「中国リスク」露呈　4～6月も減収へ」2016年4月27日
「統一企業、東南アで売上高3倍目標」2016年6月23日
「比ジョリビー・フーズ、地方で出店加速」2016年7月26日
「中国事業「縮小」4割、政治リスク意識　国内3000人調査」2016年7月29日
「化学、リストラ第2幕　速まるコモディティー化」2016年8月6日
「「無印良品」インド先陣」2016年8月6日
「EV市場、アジア勢も参戦　将来性にらむ」2016年8月13日
「フィリピン消費がけん引　4～6月、3年ぶり7%成長」2016年8月19日
「新興国経済　実態を語ろう」2016年9月1日
「東南ア投資、主役は「域内」」2016年9月8日

「変化先読み商機手中に」2016年9月15日
「在外ベトナム人、「故郷」で起業　米国流で勝負」2016年9月17日
「インドネシアのミトラ、ベトナムに「ZARA」」2016年9月20日
「ヤマト、東南アでカード代引き　まずマレーシア」2016年9月28日
「ベトナム、成長都市ダナンで広がる「親日反中」」2016年10月1日
「アジアの企業と共に成長を」2016年10月9日
「台湾プラスチック、インド・東南ア開拓　中国依存度を低減」2016年10月12日
「アジア新VIP旋風　高値続々、米利上げに勝つ成長力」2016年10月12日
=日経ヴェリタス2016年10月9日付
「ASTI、インドで自動車向け電子基板を5割増産」2016年10月18日
「終わりなき麻薬戦争　フィリピン、続く超法規的対応」2016年10月18日
「「フィリピン大統領発言、経済は一貫」　財務相に聞く」2016年10月28日
「9月の東南ア新車販売4％増　タイは自粛で不透明感」2016年10月28日
「自動で「ぴたり」搭乗橋　新明和、東南ア首位」2016年10月31日
「亀田製菓、ベトナム市場開拓加速　工場新設や新包装ライン導入」2016年11月1日
「眼鏡チェーン、東南ア開拓　「Zoff」やオンデーズ」2016年11月2日

「フィリピン外食ジョリビー、自前で食材生産」２０１６年11月３日
「食品で東南ア深掘り　「金沢カレー」、１年で店舗倍以上に」２０１６年11月５日
「インドネシア５・０２％成長７～９月、公共工事遅れで減速」２０１６年11月８日
「フィリピン７・１％成長　７～９月、ペソ安で消費好調」２０１６年11月17日
「新興国通貨安、景気に影　投資マネーが米に流出」２０１６年11月20日
「中国工場売却、従業員の乱　ソニーに補償金要求　撤退の難しさ」２０１６年11月23日
「「日本の人件費はインドより安い」という見方」２０１６年11月24日

◎日本経済新聞

「対中摩擦、激化の兆し、米、「市場経済国」と認めず」２０１６年11月25日

◎テレビ東京　未来世紀ジパング

「インドで広がる日本式！新幹線で中国に逆転」２０１６年３月14日
「人気急上昇！アジアの親日国ベトナム」２０１６年４月18日
「激動！フィリピン黄金伝説」２０１６年５月30日
「消費が沸騰するインド　日本企業が続々！」２０１６年10月17日

◉著者紹介

朝香友博（あさか・ともひろ）

産業・成長企業アナリスト／資本家

投資プロマガランキング1位を獲得したブログ「『大化け株投資』のすすめ」を主宰。年間500社の売上拡大や見本市を中心とした市場開拓の支援・投資を行っている。

また、その経験を活かした投資で30・20倍株と独自に開発した10倍株の法則で10のテンバガーをヒットさせた実績を持つ。

著書に『[テンバガー] 10倍株で勝つ』『10年目線で買っていい株買ってはいけない株』『合理的な逆張りで「安く買って高く売る」 朝香式・投資3原則』『大化け株・サイクル投資術』（アールズ出版）などがある。

●略歴

立教大学法学部卒業後、「未来トレンドの先読み」の為に国会議員秘書、上海交通大学留学を経験。その後、産業の未来を創る国際見本市に触れ、米国の産業PR会社に入社。入社2年目の2005年、当時テーマ株としてIPOで株式市場を賑わせていた「モバイル企業」にヒントを得て、日本初のモバイルマーケティング展示会の立ち上げに成功。営業でもIRや決算書情報を全面に活用し、米・欧・アジアの全社員で売上1位を達成。アジア最大級の国際展示会・会議のトップに抜擢され、セールスディレクターに昇進。その後、インド株投資家としてブルームバークにも紹介され、友人とファンド設立。さらに、サブプライムショックによる株価急落と景気悪化を見て、大手企業を顧客に抱えるチャンスと考え、ITマーケティング会社を創業。不景気の中、上場優良企業を顧客に抱えるベンチャーに急成長させた。しかし、健康不良を理由に社長退任。夢を失いかけた失望の日々を過ごす。その際に始めた株ブログが再び注目され、書籍を執筆するきっかけとなる。現在は株式市場と産業支援の投資家として活動中。

■『大化け株投資』のすすめ http://obakekabu.net（「大化け株」で検索）
■コンタクト tomohiroasaka2020@gmail.com

【Mr.テンバガー（10倍株）朝香の】

インド＋親日アジアで化ける日本株100

2017年2月1日　初版第1刷発行

著　者　朝香友博

装　幀　中山銀士＋金子暁仁

発行者　森　弘毅

発行所　株式会社 アールズ出版
東京都文京区小石川1-9-5　浅見ビル　〒112-0002
TEL 03-5805-1781　FAX 03-5805-1780
http://www.rs-shuppan.co.jp

印刷・製本　中央精版印刷株式会社

ISBN978-4-86204-288-0 C0033